国家地理系列

中国最美的100个地方

《图说天下 · 国家地理系列》编委会 编著

北京联合出版公司

图书在版编目（CIP）数据

中国最美的 100 个地方 /《图说天下·国家地理系列》编委会编著. —北京：北京联合出版公司，2012.5（2022.8 重印）

（图说天下·国家地理系列）

ISBN 978-7-5502-0747-9

Ⅰ. ①中… Ⅱ. ①图… Ⅲ. ①旅游指南－中国－通俗读物 Ⅳ. ① K928.9-49

中国版本图书馆 CIP 数据核字（2012）第 117733 号

中国最美的100个地方

NATIONAL GEOGRAPHY COLLECTIONS

北京联合出版公司出版

（北京市西城区德外大街 83 号楼 9 层　100088）

北京天宇万达印刷有限公司印刷　新华书店经销

字数120千字　787×1092毫米　1／16　14印张

2012年6月第1版　2022年8月第14次印刷

ISBN 978-7-5502-0747-9

定价：19.90元

FOREWORD

◎塔克拉玛干沙漠

“地理”是人类最古老的学科之一。开天辟地之初，大自然就在不知疲倦地塑造着地球的沧海桑田，也带给了古老的人类无穷的好奇与想象。忽忽数十个世纪，人类一直在感受着自然造物的神奇，同时也用自身行动不断地给这个星球制造出新的惊喜。“地理”这个名词，也就在这种人与自然的往来交流中，不断被拓展出新的意义与内涵。

“国家地理”的概念，也就是由此而生。时至今日，也正在变成一个越来越为人们所关注的话题。相较于以往学术意义上的“地理”概念，它是一个更加广博而宽容的界定，不仅仅局限于经典意义上的山川面貌、星辰运行等自然地理的内容，而是更多地融入了民俗、历史、旅游、科技发展等人文层面的印记，由此延伸，进而为整个社会风貌折射出一个真实的投影。结合了人性的地理，就不再只是一个简单的学术符号，而渐变成了一种充满着人文关怀的文化，成为当今社会人们所关注的热点话题。然而人们对于此的热情，或许并不仅是出于对时尚潮流的盲从，某种程度上，更是出于潜意识中对自身生存意义的追寻与探索。正是自然与人性的结合，才凸现了国家地理的魅力所在。

为此，我们特别编辑制作了这套《图说天下·国家地理系列》丛书。本册《中国最美的100个地方》极具匠心地选取了中国最具代表性的100处自然与文化景观。全书综合了地理与人文的因素，分为几个大的单元，每单元下的各个景观又独立成篇。生动质朴的文字，或展现山河的雄奇秀美，或透析文明的隽永内涵，配合精美的摄影图片，以全新的方式引领读者深入了解中华大地的地理与人文之美。

CONTENTS

目录

8 造化之功

68 自然杰作

CONTENTS

CONTENTS

190 时间烙印

210 风情城市

[图说天下]

珠穆朗玛峰

The Everest

贡嘎山 Mount Gongga

博格达峰

Mount Bogda

梅里雪山

Mount Meili

泰山 Mount Tai

华山 Mount Hua

峨眉山 Mount Emei

五台山 Mount Wutai

黄山 Mount Huang

武夷山

Mount Wuyi

阿里山 Mount Ali

庐山 Mount Lu

……

Truth of Eternity

造化之功

珠穆朗玛峰

The Everest

威严、雄伟、圣洁、巍峨，当立足于雪域高原的世界屋脊，置身在纯净的蓝天白云下，抬头仰望恍若梦幻的女神之峰时，罗列各种词汇，也无法尽述对她庄严华贵的赞美。千百年来，圣山珠穆朗玛峰赢得数不清的赞叹与崇敬，皑皑白雪，巍峨山峰，成就了一个不朽的地理传说。

★名称：珠穆朗玛峰
★位置：中国/尼泊尔
★高度：海拔8848.86米

珠穆朗玛峰就像一座巨型的金字塔耸立在天际。

神秘而严酷的青藏高原，是世界上海拔最高的高原，素有世界屋脊之称。它位于中国西部及西南部，包括西藏自治区和青海省全部、四川省西部、新疆维吾尔自治区南部、甘肃省西南部及云南省西部，平均海拔4000米～5000米。这片高原，气势磅礴，汇聚了众多海拔超过6000米的高大山脉，其中包括海拔8848.86米的珠穆朗玛峰，她既是青藏高原上最高的山峰，也是世界第一高峰。

探险者与科学家们曾在珠峰上找到了古代海洋生物三叶虫的化石，在珠峰北侧地带找到了来自南半球的巨羊齿植物化石，而今天在珠峰北面的雅鲁藏布江沿岸还能看到不同时代、不同地层中的岩块挤压到一起的板块缝合带，这一切都反映了一个令人难以置信却又不得不接受的事实：整个喜马拉雅山脉，连同它的主峰——珠穆朗玛峰，都是在印度板块推挤之下，从2400千米外遥远的南半球漂洋过海而来。在漂移的过程中，不断地受到欧亚板块反作用力的阻挡，日复一日地向上抬升，最终在距今100万年前左右的时候，达到了现在的高度。

珠穆朗玛峰下的经幡

仰望珠峰，除了圣山本身的魅力之外，飘浮于峰顶的旗云也是绚丽壮美，令人着迷。这些云彩环绕着峰顶，仿佛飘扬的旗帜，故而被称为旗云或旗状云。珠穆朗玛峰的旗云，千姿百态、气象万千，令人难以捉摸。它们忽而如旗帜迎风招展，忽而如海浪汹涌澎湃，忽而如山峦起伏连绵，忽而如骏马奔腾驰骋。在旗云之中，圣山显得虚无缥缈，若隐若现，更加增添了神秘与圣洁的气息。珠穆朗玛峰北坡和西南坡海拔7500米以下为冰雪所覆盖，海拔7500米以上由于高空风大，山坡陡峭，降雪不易堆积。因此，下垫面多为碎石面。珠穆朗玛峰海拔高，太阳辐射强。每当日出后，受太阳直接照射，各地受热状况不均匀。在碎石面附近，地面吸热快，表层气温高于同一高度自由大气的温度，形成沿山坡向上的气流；海拔7500米以下，冰雪表面受太阳加热升华，给上升气流输送水汽，为成云提供了有利条件。另外，在冰雪面上，反射掉的热量较多，地表气温要比自由大气的温度低些。冷空气下沉，热空气上升，就产生两个方向不同的局部环流，使峰顶附近常有对流性积云，所以白天常能观测到形如旗帜的云挂在峰顶。因高空风、上升气流和天气系统的不同，旗云的形态不断变幻。

珠峰巍峨宏大，在它周围20千米的范围内，群峰林立，层峦叠嶂。仅海拔7000米以上的高峰就有40多座，较著名的有南面3000米处的“洛子峰”（海拔8516米，世界第四高峰）和海拔7589米的卓穷峰，东南面是马卡鲁峰（海拔8463米，世界第五高峰），北面3000米处是海拔7543米的章子峰，西面是努子峰（海拔7855米）和普莫里峰（海拔7145米）。在这些巨峰的外围，还有一些世界一流的高峰与之遥遥相望，东南方向有世界第三高峰干城章嘉峰（海拔8585米）；西面有格重康峰（海拔7998米）、卓奥友峰（海拔8201米）和希夏邦马峰（海拔8012米），形成了群峰来朝，峰头汹涌的波澜壮阔的场面。

珠穆朗玛峰地处高寒之地，自然环境极其恶劣：低温、缺氧，陡峭的山势、步步陷阱的明暗冰裂隙、险象环生的冰崩雪崩区、变幻莫测的气候。人们之所以将她称为圣山或者神女，恐怕一部分是由于她的凛然不可侵犯。但是那弥漫的云雾与不可捉摸的暴风雪，便足以令人望而却步。不过人类的天性总是追求挑战、渴望征服。千百年来，向着世界最高峰发起冲击的人不在少数，然而，直到1953年，才由英国人埃德蒙·希拉里创下首登珠峰神顶的纪录。1960年，中国登山队首次从北侧中国境内登上了这座世界最高峰。而在失败者的故事中，甚至有许多人将自己的身体与灵魂永远留在了雪山之上。或许，对于凡俗的世人而言，屹立于云霄之中的圣山实在是一个无法阻挡的巨大诱惑，甚至值得用自己的生命来换取与她亲近的荣耀。

从空中俯瞰喜马拉雅山脉，但见群峰攒动、雪覆云挡、气势雄浑，不愧有“地球第三级”的美称。

贡嘎山

Mount Gongga

在藏语中，“贡”是雪，“嘎”是白，“贡嘎山”便是“洁白的雪峰”，是雪域高原上著名的神山。它位于川藏交界处，主峰海拔7556米，是闻名世界的横断山系第一高峰。贡嘎山主峰周围林立着145座海拔五六千米的冰峰，群山连绵起伏。

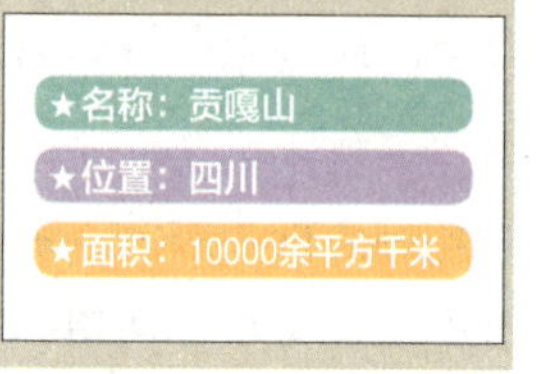

“蜀道之难难于上青天……尔来四万八千岁，不与秦塞通人烟。”李白诗中只顾感慨蜀境高山的险恶峭拔，却忘记了赞颂“蜀山之王”——贡嘎山的奇丽与庄重。

贡嘎山区是现代冰川较完整的地区，以罕见的冰川奇观闻名于世。这片地区共有现代冰川71条，最著名的5条冰川分别为海螺沟一号冰川、贡巴冰川、巴旺冰川、燕子沟冰川、磨子沟冰川。海螺沟一号冰川是5条原始冰川中最奇秀的成员，素有“海螺天下奇”之说。它是亚洲海拔最低的冰川，最低点为海拔2850米。这条冰川蜿蜒深入原始森林6000

各种野生植物把海螺沟装点成了五彩缤纷的世界。

海螺沟冰川为现代冰川，在厚达40米～150米的冰川舌上，分布有众多的冰面湖、冰川弧拱、冰塔林、冰川裂缝、冰洞等。

米，形成了冰川与森林共存的奇观。

拥有离城市最近的一条现代冰川，海螺沟内的自然风光非但没有受到人为的影响，反而充满了原始与野性的气息。由于冰川运动，这里形成了冰川弧、冰川断层和冰塔、冰桥、冰川石蘑菇、冰城门等许多奇异的景观，或优雅，或怪异，或雄壮，气势磅礴，如同鬼斧神工雕琢而成。沟内有条凌空垂挂的“大冰瀑布”，高1080米，宽1100米，比贵州黄果树瀑布大上10倍，由无数巨大的冰块组成。这条巨型冰瀑横亘天空，好似奔腾咆哮的河水在一刹那间被神力冻结，雄伟壮观，气势恢宏，令人望而生畏，堪称举世无双的奇迹。而当冰崩时，冰体间的撞击与摩擦会产生放电现象，蓝光闪烁，山谷轰鸣，令人觉得似乎进入了一个梦幻般的冰雪神话世界。

温泉也是这片地区的特色之一。在这一片冰天雪地的世界里，竟然有数十处温泉常年蒸汽氤氲，温泉水温40℃～80℃，有的达到90℃以上。其中，二营地温泉流量一昼夜达8900余吨，水温高达90℃，在出水口处甚至可以煮熟鸡蛋和马铃薯，是世界上少有的温泉。进入海螺沟后，在冰川上一边享受温泉的舒坦，一边欣赏雪峰的冷峭，实在是种难得的经历。

贡嘎山的一大奇特之处在于它的生态和气候呈现出极其显著的垂直变化：从南坡大渡河河谷至主峰顶水平距离29千米，而相对高度差却达到了6556米，因此产生了“山顶白雪皑皑，山腰秋木稀疏，山脚鲜花烂漫”的独特景观。在贡嘎山的山脚下，气候温和，植被茂盛；山腰上红叶纷飞，胜于香山；而到了山顶，却是一片银装素裹的严酷景象。各个植物带之间层次如此鲜明，甚至爬上山峰就能一路感受四季变化，是世界上罕见的生态奇观。而在海螺沟中同时具有亚热带到高山寒漠带的完整植物带谱，内有植物4800多种，动物400余种，其中有许多第四纪时期的动植物，可以说是生物史上的活化石区。

多年以来，贡嘎山与海螺沟隐避在高原之上，覆盖着神秘面纱，不为世人所熟知。随着近年来的不断开发，贡嘎山附近已成为目前中国环境容量最大的风景区，总面积10000余平方千米，海螺沟、燕子沟、木格措、塔公、五须海、贡嘎西南坡等景区都包含在内。风景区内还点缀着10余个高原湖泊，如明珠般散落在冰川林海之中。雪山脚下，冰川之畔，森林环抱，蓝天白云，加上清澈透明的高原湖水，形成了原始、秀丽的自然风貌，既展现了地理史上的奇观，也造就了蜀境的香格里拉乐园。

云气涌动的海螺沟，经常呈现出一幅似真似幻的迷人景色。

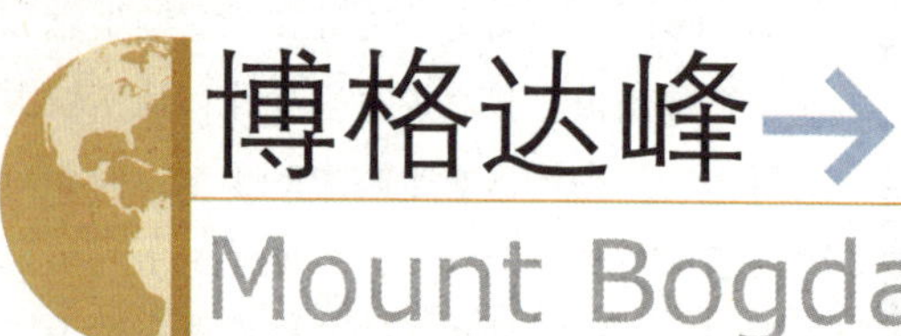

博格达峰

Mount Bogda

博格达峰是天山山脉东段的最高峰，海拔5445米。博格达蒙语意为“众山之神”，是人们心中的神灵。它由3个峰尖紧依并立而成，终年冰雪皑皑，世称“雪海”。

★名称：博格达峰
★位置：新疆
★盛誉：雪海

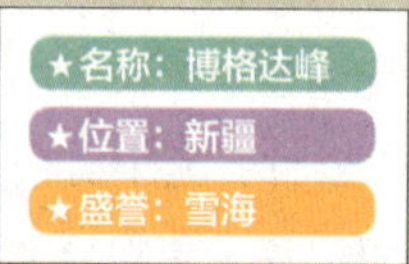

天气晴朗的日子里，在东部天山地区，一抬头便能够看到圣洁而雄伟的博格达峰。博格达峰位于新疆昌吉州阜康市境内，是东部天山的最高峰，海拔5445米。它的山体仿佛一个巨大的银色金字塔，冲天而立，直入云霄，主峰和左右两

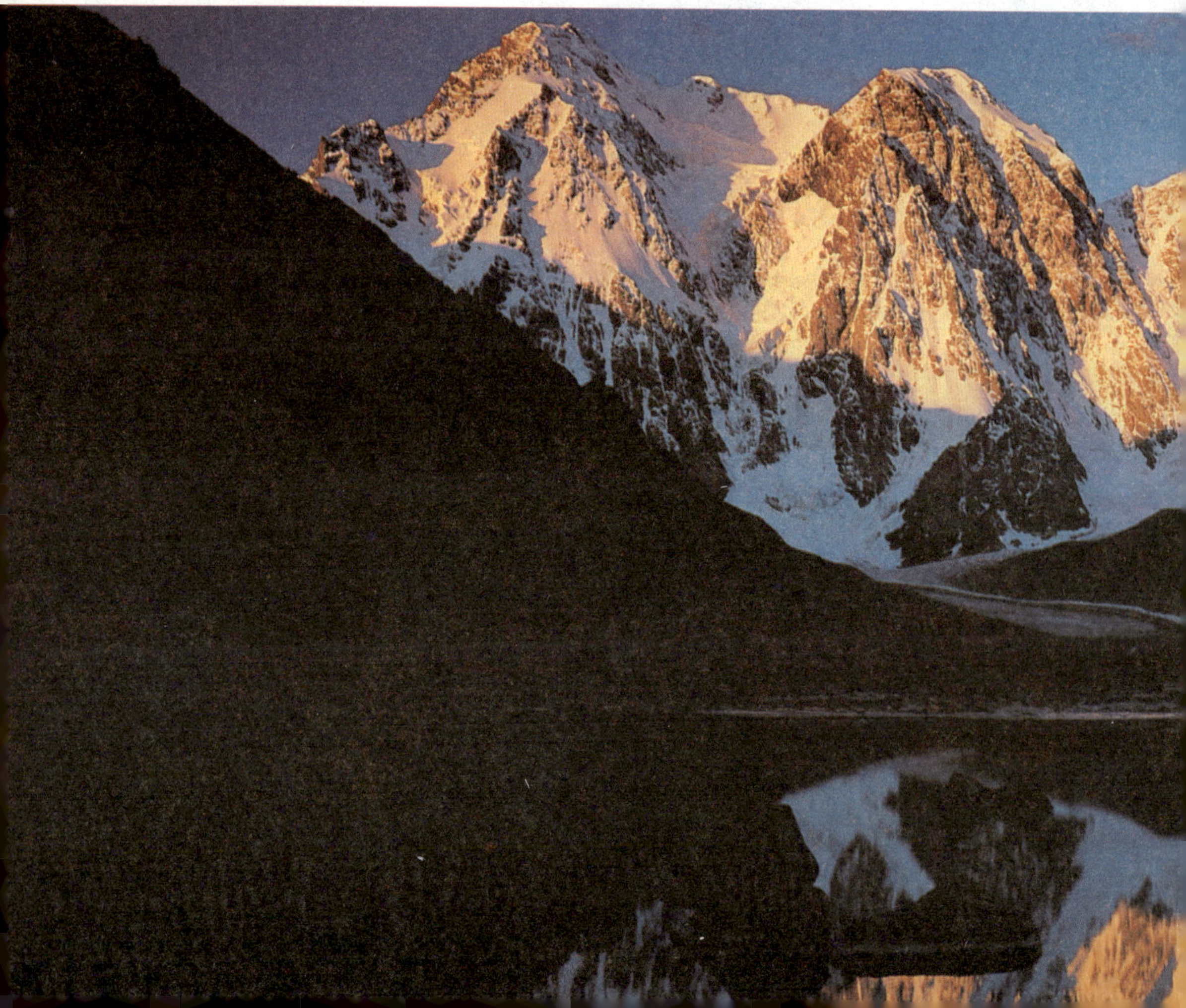

峰肩连，三峰并起，形如峰架，巍峨壮观，气势恢宏。

博格达峰的形成经历了一番移山倒海的艰苦过程，它最早隆起于晚二叠纪，在中生代和早第三纪遭受剥蚀夷平，在喜马拉雅造山运动中再次逐渐隆起成为雄伟的山峰。峰顶银光闪闪，有万年不化的积雪与冰川，一条巨大的扇形冰川自博格达冰峰倾泻而下，以雷霆万钧之势堆起一个个巨大的冰坝。博格达峰的中山云杉林带群山环抱、碧水蓝天，雪峰雄伟挺拔，倒映在池水中，湖光山色，浑然一体。满山苍松叠翠，郁郁葱葱，一望无际。峰下群山起伏，资源丰富，动植物与矿产资源种类繁多。

博格达峰上冰天雪地，狂风呼啸，气候条件十分恶劣，却生长出了驰名天下的天山雪莲。雪莲为多年生菊科草本植物，生长于新疆天山、阿尔泰山、昆仑山雪线附近的岩缝、石壁和冰碛砾石滩中，千百年来一直被新疆各族牧民看作圣洁的化身、爱情的象征。

博格达峰地表多为冰雪所覆盖，为东部天山最大的现代冰川作用中心，分布有113条冰川，总面积101.42平方千米。冰光映日，博格达峰于冰雪间显露出的嶙峋山石展现出一种极富力度的美感。

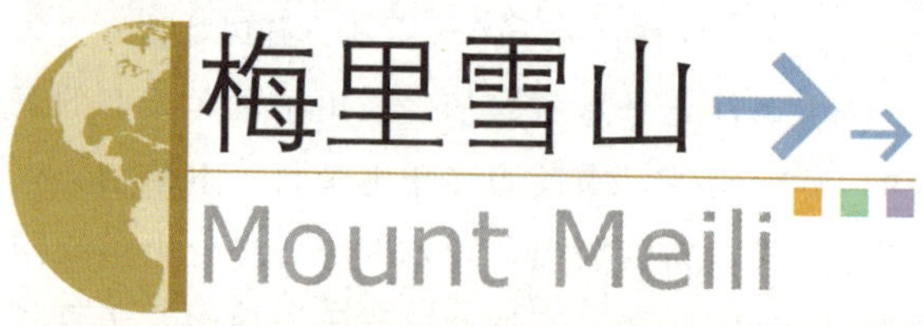

梅里雪山

Mount Meili

梅里雪山的主峰卡瓦格博峰在藏语中意为“雪山之神”，是藏传佛教的朝觐圣地，位居藏区的八大神山之首。每年的秋末冬初，西藏、青海、四川、甘肃的大批香客千里迢迢赶来朝拜，他们匍匐登山的场面令人叹为观止。

★名称：梅里雪山
★位置：云南
★盛誉：雪山太子

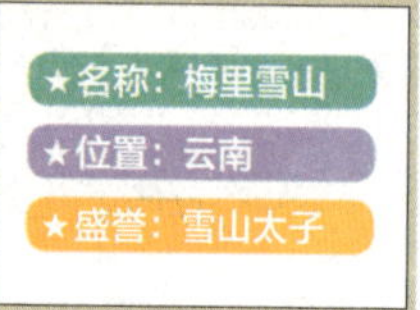

梅里雪山属横断山脉，位于云南迪庆藏族自治州德钦县和西藏的察隅县交界处，距昆明849千米。梅里雪山属于怒山山脉中段，处于世界闻名的金沙江、澜沧江、怒江“三江并流”地区，它逶迤北来，连绵十三峰，座座晶莹，峰峰壮丽。

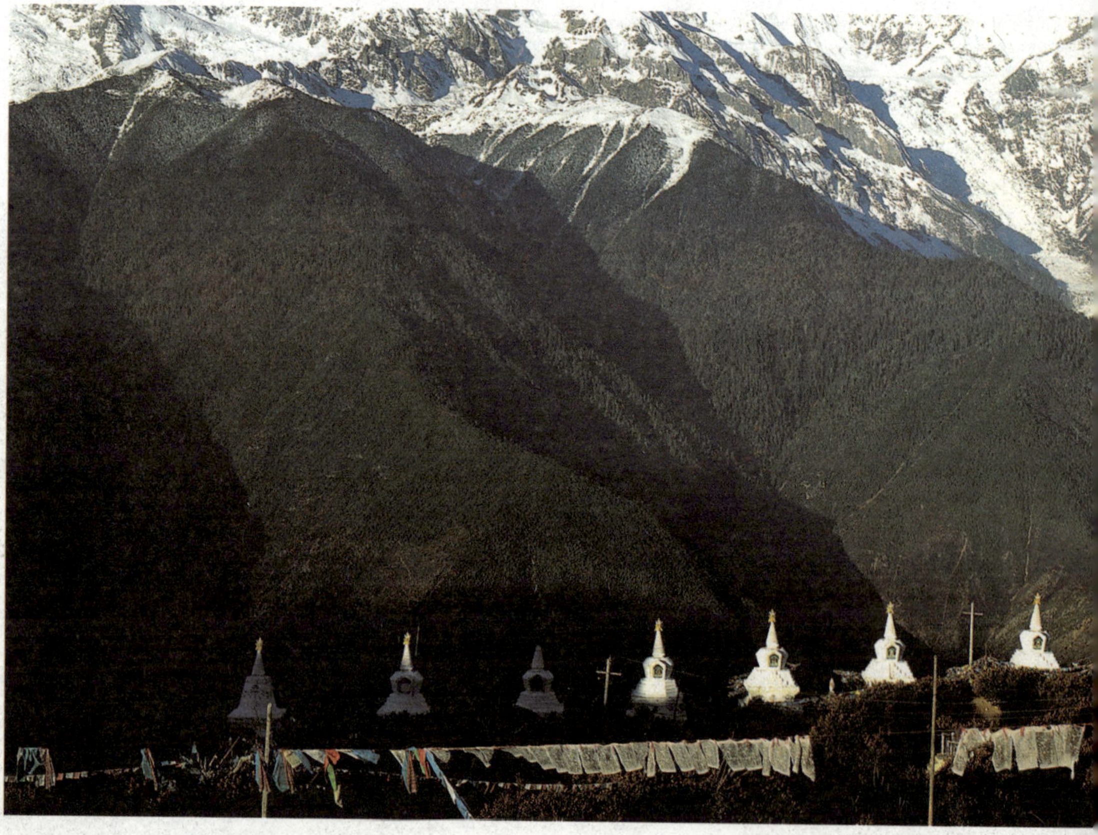

在这一地区强烈的上升气流与南下的大陆冷空气相遇，变化成浓雾和大雪，并由此形成世界上罕见的低纬度、高海拔、季风海洋性现代冰川。雨季时，冰川向山下延伸，冰舌直探海拔2600米的森林地带；旱季时，冰川消融强烈，又回缩至海拔4000米以上的山腰。由于降水量大、温度高，使得梅里冰川的运动速度远远超过一般海洋性冰川。剧烈的冰川运动，更加剧了对山体的切割，造就了令所有登山者闻之色变的悬冰川、暗冰缝、冰崩和雪崩。

独特的低纬度冰川雪山、错综复杂的高原地形、四季不分而干湿明显的高原季风气候，使梅里雪山成为野生动物的天堂，美国国家地理杂志将其列为世界上五片“最后的净土”之一。

由于垂直气候明显，梅里雪山气候变幻无常，雪雨阴晴全在瞬息之间。梅里雪山既有高原的壮丽，又有江南的秀美。蓝天之下，洁白雄壮的雪山和湛蓝柔美的湖泊，莽莽苍苍的林海和广袤无垠的草原，在感觉上和色彩上，都给人带来强烈的冲击。

这里植被茂密，物种丰富。在植被区划上，属于青藏高原高寒植被类型，在有限的区域内，呈现出多个由热带向北寒带过渡的植物分布带谱。海拔2000米到4000米左右，主要是由各种云杉林构成的森林，森林的旁边，有着绵延的高原草甸。夏季的草甸上，无数叫不出名的野花和满山的杜鹃、格桑花争奇斗艳，竞相怒放，犹如一块被打翻了的调色板，在由森林、草原构成的巨大绿色地毯上，留下大片的鲜艳色彩。

梅里雪山北与西藏阿冬格尼山、南与碧罗雪山相连接，海拔6000米以上的山峰有13座，称为“太子十三峰”。十三峰中最高的卡瓦格博峰，为云南第一高峰。海拔为6740米，它是藏传佛教的朝觐圣地，传说为宁玛派分支伽居巴的保护神，位居藏区八大神山之首，故在当地有“巴何洛登地”的尊号。它是康巴藏民焚香礼拜的“神山”。20世纪30年代，探游过世界不少名山大川的美国学者洛克博称卡瓦格博峰是“世界上最美之山”。每年秋末冬初，西藏、四川、青海、甘肃的一批批香客，千里迢迢赶来朝拜这座心灵中的自然丰碑。他们围着神山绕匝礼拜，少则7天，多则半月，这在当地被称为“转经”。若逢藏历羊年，转经者更是增至百十倍，匍匐登山的场面，令人叹为观止。

卡瓦格博峰下，冰斗、冰川连绵。其中

“明永恰”和“斯恰”如两条银鳞玉甲的长龙，从海拔5500米往下绵伸至2700米的森林地带，离澜沧江面仅800多米，这是世界上稀有的低纬度、高海拔、季风海洋性的现代冰川。

卡瓦格博峰南侧，有瀑布自千米悬崖倾泻而下，称“雨崩神瀑”。每年夏季冰雪消融，一股股水流沿崖壁飞泻，像千万匹白练飘然而下，飘飘洒洒，十分壮观。若逢阳光返照，云雾蒸腾，便有彩虹出现，美如仙境。

卡瓦格博峰迄今为止仍然是无人登顶的处女峰。早在1902年，英国派出一支登山探险队首次向神女峰发起冲击，结果以失败告

梅里雪山脚下蜿蜒湍急的江水

终。后来，美国、日本、中日联合等4支登山队，接连4次大规模向神山冲击，均未成功。1991年1月，17名中日登山健儿在卡瓦格博峰下不幸遇难。消息传来，震惊世界，被列为当年中国十大体育新闻之一。

太子十三峰犹如一位位倚天而立的斗士，孤傲中透出冷峻。它们以强悍有力的臂膀，不分昼夜、坚实地捍卫着它们曾赐予魂魄的每一个生命体。

泰山 Mount Tai

泰山的自然景观雄伟绝奇，有数千年精神文化的渗透渲染和人文景观的烘托，被誉为中华民族精神文化的缩影。传说，昔日盘古开天辟地，用自己的身体创造了世界，他的头部变成了泰山，故而泰山就被称为至高无上的“天下第一山”，成为五岳之首。

“会当凌绝顶，一览众山小”的东岳泰山，拔起于鲁中南群山上，古名岱山，又称为岱宗。它形成于太古代，因受来自西南和东北两个方向的挤压力，褶皱隆起；经深度变质而形成中国最古老的地层——泰山群；后因地壳变动，被多组断裂分割，形成块状山体，如今每年还在以0.5毫米的速度慢慢增高。

泰山山势挺拔雄奇，山间飞瀑松涛、景色壮丽。累叠的山势，厚重的形体，苍松巨石的烘托，云烟岚光的变化，使它在雄浑中兼有明丽，静穆中透着神奇，成为中国山水名胜的集大成者。泰山主要风景名胜点有56处，如泉水甘洌的五盘池、古柏参天的柏洞、犹如云梯的十八盘、耸入云端

云萦雾绕的泰山群峰

的南天门、白练高悬的黑龙潭瀑布等。而纷至沓来的文人墨客、来此封禅祭天的历朝君主，使得泰山成为罕见的历史人文荟萃的游览胜地，留下了众多的文物古迹，如岱庙、王母池、红门宫、斗母宫、五松亭、南天门、碧霞祠等。

厚厚的云层就在脚下铺展，初出的朝阳染红眼前天际，泰山日出的浩大气势令目睹者无不动容。

大自然为泰山创造了诸多景观，其中的旭日东升、晚霞夕照、黄河金带、云海玉盘更被称为岱顶四大奇观。泰山雄伟的山势使它的日出显得尤其壮观而动人心弦，旭日东升是泰山的重要景观。日出之时，随着太阳的缓缓升起，旭日发出的第一缕曙光撕破黎明前的黑暗，使东方天幕由漆黑而逐渐泛白，慢慢透出暗红色的光芒，直至最后变成耀眼的金黄，喷射出万道霞光。最后，朝阳如同火球一般跃出水面，腾空而起。整个过程宏伟壮观，在瞬息间变幻出千万种多姿多彩的画面，令人叹为观止。岱顶观日历来为游人所向往，也使许多文人墨客为之高歌。

说到泰山，便须提到著名的“泰山十八盘”。十八盘位于对松山北，处在高阜之上，双崖夹道，为清乾隆末年改建盘道时所辟。十八盘自此而始。开山北为龙门，旧有龙门坊，后毁。十八盘岩层陡立，倾角达到70°～80°，在不足1000米的水平距离内竟升高了400米。泰山有3个十八盘之说：自开山至龙门前393级为“慢十八”，再至升仙坊中767级为“不紧不慢又十八”，又至南天门后473级为“紧十八”，共计1630多级台阶。当地有“紧十八，慢十八，不紧不慢又十八”之说。

泰山在五岳中名声最著，除了自然景观的丰富多彩之外，也与始于秦汉时期的封禅活动关系密切。历代帝王在此封禅祭天，借助泰山的神威巩固其统治，而泰山则因封禅告祭被抬到与天相齐的神圣高度。一座自然山岳，受到文明大国的历代最高统治者亲临封禅祭祀，并延续数千年之久，堪称世界上独一无二的精神文化现象。

华山
Mount Hua

华山是古人口中的“奇险天下第一峰”。俗谚云“自古华山一条路”，那刀削斧劈的万丈绝崖，那惊心动魄的长空栈道，那令人胆寒的鹞子翻身，无不彰显出这座天下名山让攀登者心惊胆战的一面。华山，正是因为它的险峻而显得卓尔不群。

★名称：华山
★位置：陕西

西岳华山位于陕西西安以东120千米的华阴市，海拔2200米，古称太华山。华山由于断块上升及花岗岩垂直节理的特性，使其具有“削成而四方，其高五千仞”的险峻形象。在华山五峰中又以东峰（朝阳）、西峰（莲花）、南峰（落雁）三峰较高：东峰是凌晨观日出的佳处，西峰的东西两侧状如莲花，是华山最秀奇的山峰，南峰落雁峰是华山最高峰。三峰以下还有中峰（玉女）和北峰（云台）两峰。玉女峰相传曾有玉女乘白马入山间。云台峰顶平坦如云中之台，著名的“智取华山”故事就发生在这里。另外，华山的名胜古迹也很多，庙宇道观、亭台楼阁、雕像石刻随处可见。

在华山的五峰之中，北峰云台峰是登临其他四峰的要冲，虽然海拔高度不及其他诸峰，但其山势险峻异常，三面绝壁，只有一条山岭通向南面，地势十分险要，易守难攻。1949年5月，西安解放后，陕西国民党顽敌逃上华山，企图凭借华山天险负隅顽抗。敌军把守要道，我军无路攀登，费尽周折，最终还是请当地谙熟山道的采药人当向导，用竹竿和绳子从绝境处登上北峰，从而全歼华山守敌。北峰顶上还有道观真武宫，倚山而建，造型别致，风景宜人。

西峰是华山五峰之中最秀丽险峻的山峰。华山西峰就是《宝莲灯》中沉香劈山救出三圣母的地方。现在翠云宫边上有一巨石中间裂开，如被斧劈，名“斧劈石”，旁边还树立一柄长把大斧，据说沉香就是在这里力劈华山，救出了被二郎神所拘禁的母亲三圣母。西峰的西北面，崖壁

东峰通往观日台的云梯接近90度，人们需要拉着铁链上行，需要相当的勇气。

华山西峰西北侧直立危崖，高耸云表。峰顶翠云宫前有巨石，状如莲花，故又名莲花峰。

直立，有如刀削，空绝万丈，险峻无比，人称“舍身崖”。

东峰因其峰顶有朝阳台可以观看日出，故而又名朝阳峰。因为此峰此台，华山成为观赏日出的胜地。东峰上有三茅洞，洞内有陈抟老祖像，洞外有甘露池。附近的清虚洞前有一孤峰，峰顶上有铁瓦亭一座，铁棋一枰，这便是传说中的东峰下棋亭。相传宋太祖赵匡胤曾与道家名士、以长寿著称的陈抟老祖在此处打赌下棋。两人在山中一共下了三盘棋，两盘棋赵匡胤便输光了所带钱物，第三盘又把华山给输了，所以有“自古华山不纳粮，皇帝老子管不住”的说法。华山东峰还有著名的仙掌崖，乃是指东峰的面东崖壁。经历了千万年的自然侵蚀之后，在崖壁上出现了一面手掌形的石纹，高数十米，五指分明，形象生动逼真，恍如仙人的巨大手掌，所以人称华岳仙掌，被列为陕西“关中八景”的第一景。进潼关入陕西后眺望秦岭，首先看到的就是它，每逢晴朗的早晨，掌印在阳光的照射下如镀赤金一般熠熠生辉，巍然矗立。

华山号西岳，自然少不得供奉西岳大帝华山神的西岳庙。西岳庙在华山以北5000米的岳镇街上，位于华阴市区东2000米处，距西岳华山玉泉院8000米，被称为“天下第一庙”。西岳庙坐北朝南，庙门正对华山，始建于汉武帝时期，后来成为历代帝王祭祀华山神的场所。西岳庙的建筑气势宏伟，在由北至南的中轴线上依次排列着灏灵门、五凤楼、棂星门、金城门、灏灵殿、寝宫、御书楼、万寿阁等建筑，总体呈前低后高的格局。其中正殿灏灵殿是历代帝王祭祀的地点，殿内悬挂有康熙、道光、慈禧所题“金天昭端”“仙云”等匾额。

华山之险，冠绝天下；而作为天下道教名山，华山的文化底蕴深厚非常，每一山、每一石、每一洞，似乎都有道家的仙踪。或许只有沉下心来，将身心都置于华山的山水之间，才能慢慢体会到它独有的韵味。

峨眉山 Mount Emei

如果以人比山，峨眉应该是秀美端庄的女子。自古以来便有“峨眉天下秀”之说。峨眉山因其山形逶迤连绵，好像女子的蛾眉，秀美修长而得名，“秀”也就成为峨眉美景的灵魂。千百年来，峨眉山以秀闻名，在中国的名山之中，独有其动人的魅力。

峨眉山又称大光明山，是大峨山、二峨山、三峨山和四峨山的总称，位于四川省峨眉山、乐山两市西部。四座峨山中以大峨山海拔最高，山势最雄伟，即为通常所指的峨眉山。它的主峰海拔3099米，高出其东麓的峨眉山市2500米，犹如耸立于四川盆地西南部的高墙。峨眉山山体雄峻，峰峦挺秀。除了金顶日出、金顶云海、峨眉佛光、圣灯四大奇观外，峨眉山猴也是这座山中声名远播的“土著居民”。峨眉山是中国四大佛教名山之一，山中寺庙林立，以报国寺、万年寺、伏虎寺、清音阁等最为著名。有趣的是，关于伏虎寺的传说却是信奉道教的赵公明与妹妹一同降伏猛虎的故事，其中隐含了峨眉山佛、道并重的特点。

全世界出名的日出景观着实不少，但峨眉山的金顶日出却是有其独具一格的魅力。在金顶看日出，因气象条件和季节的不同而差异极大。天气晴朗时，太阳从地平线升起，可观赏到壮丽日出的全过程；或天边有云气，待见日出时，已是脱离地平线的一轮红日；或云层弥漫，则仅能看到朝霞、云海。伴随着旭日东升，朝霞满天，万道金光射向大地，峨眉山从头至脚逐渐变成了灿烂的金色，呈现出它全部的秀美身姿。此时此刻，天上地下变成金色的世界。

在中国四大佛教名山中，佛家把“银色世界”作为峨眉山的代称，这显然与峨眉山的云海不无关系。峨眉山的金顶云海，无边无涯。金顶云海时开时合，气象雄伟，随着风向与风力的变化，不断地转换着自身的形状。范成大有诗惊叹这变幻

峨眉山雷音寺打破寺庙建筑的正统格局，巧构吊脚楼，建成了一座精巧别致的民间四合院式的庙宇。

的云海："明朝银界混一白，咫尺眩转寒凌兢。天容野色倏开闭，惨淡变化愁天灵。"

佛光是一种奇特的光学现象，是阳光照在云雾表面所起的衍射和漫反射作用而形成的。谚云："朝看西，午看东。"在峨眉山看神奇的佛光，最佳的时间是下午2时～5时，最佳的地点是在睹光台、舍身岩。午后来到舍身岩下，有时会看到云层中骤然变幻出一个红、橙、黄、绿、青、蓝、紫的七色光环，中央虚明如镜。而当观者背向偏西的阳光，有时会突然发现光环中出现自己的身影，犹如面对明镜，更为离奇的是即使成百上千人同时同地观看，观者也只能看见自己的影子。

在金顶无月的黑夜，在舍身岩下有时会看见荧荧的亮光，在黑暗的山谷间飘忽不定。佛家称其为"圣灯"，又名"神灯"，说飘浮的神灯是"万盏明灯朝普贤"，历来为峨眉山的四大奇观之一。据科学家初步考察，圣灯是一种自然现象，目前有两种说法：一说是磷火，是含磷地层的磷化氢和联磷的作用，联磷的自燃，激起磷化氢的他燃；一说是某些树木上有一种叫密环菌的真菌，遇雨后发光。

峨眉山有丰富的动植物资源，享有"植物王国"和"天然动物园"之称。在2000多种野生动物中，有珍稀的大熊猫、黑鹳、小熊猫、短尾猴等。尤其是见人不惊、与人同乐的峨眉山猴群，早已因成为峨眉山别具一格的"活景观"而闻名中外。只要到过峨眉山的人，都一定不会忘记山中那一只只充满灵气的猴子。这些猴子世代在峨眉山上与游人为伴，早已消去了畏惧人类的心理。它们三五成群，在长达10多千米的游山道上，沿途围住游人，向游人索要食品。

作为佛教名山，峨眉山中寺庙颇多。其中，报国寺是峨眉山的第一座寺庙，也是峨眉山佛教活动的中心。寺周楠树蔽空，红墙围绕，伟殿崇宏，金碧生辉，香烟袅袅，磬声频传。置身"天下秀"的巍巍名山，在报国寺中聆听钟声禅音，令人不由得暂时忘却俗世的烦恼，深深地沉浸在这山与寺的禅韵之中。

金殿铜顶位于峨眉金顶最高处，金殿通体都用铜件焊成，屋顶檐瓦镏金，在阳光映照之下，金光闪闪，照耀百里，故亦名金顶。

五台山 Mount Wutai

五台山是驰名中外的佛教圣地，传说是文殊菩萨的道场，而五台山又以其建寺历史之悠久、规模之宏大，而居佛教四大名山之首，在日本、印度、斯里兰卡、缅甸、尼泊尔等国亦享有盛名。

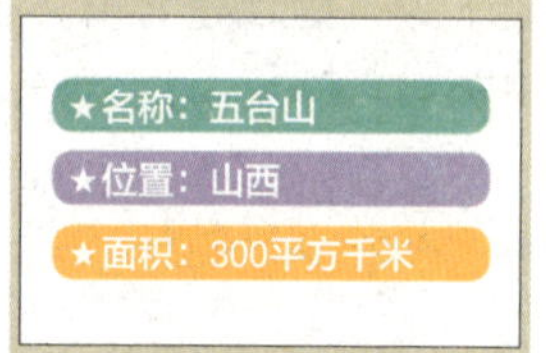

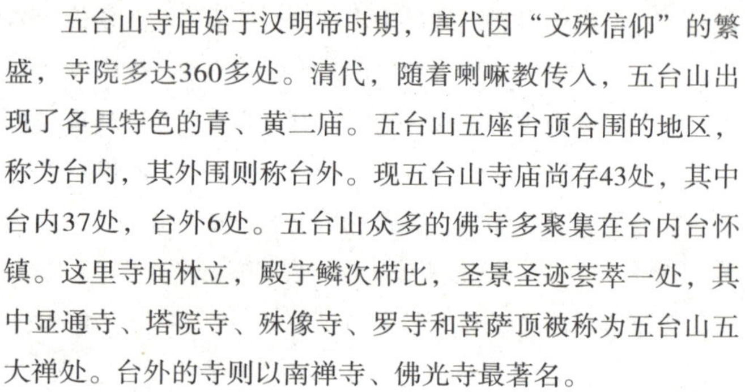

五台山寺庙始于汉明帝时期，唐代因“文殊信仰”的繁盛，寺院多达360多处。清代，随着喇嘛教传入，五台山出现了各具特色的青、黄二庙。五台山五座台顶合围的地区，称为台内，其外围则称台外。现五台山寺庙尚存43处，其中台内37处，台外6处。五台山众多的佛寺多聚集在台内台怀镇。这里寺庙林立，殿宇鳞次栉比，圣景圣迹荟萃一处，其中显通寺、塔院寺、殊像寺、罗寺和菩萨顶被称为五台山五大禅处。台外的寺则以南禅寺、佛光寺最著名。

五台山汇集了许多藏传佛教寺院，图为藏传佛教的标志性佛器之一——转经筒。

自从佛教在中国植根并传播开来之后，中国的山水之间便渐渐多了佛家的香火之气，无数的名山大川都与“佛”这个字关系密切。出家人远避红尘，与世无争，对于他们而言，深山幽谷才是最好的清修之地。因此五台山、峨眉山、九华山、普陀山作为佛教四大名山，逐渐名扬天下。

居四大佛教名山之首的五台山，位于山西省五台县，属北岳恒山山脉，其中的北台峰是华北地区最高的山峰，有“华北屋脊”之称。五台山气温偏低，虽然处于与北京差不多的纬度，气候特征却酷似中国东北部的大兴安岭，年平均温度只有-4℃。夏季，这里的平均

温度比山外要低10℃左右，历来就是避暑胜地，所以又有“清凉山”之称。

五台山在五台县境内，由5座峰峦环抱而成，东台名望海峰，西台名挂月峰，南台名锦绣峰，北台名叶斗峰，中台名翠岩峰。

传说五台山是文殊菩萨传道的场所，历代都在这里广建寺院，传扬佛教文化，现存有《华严经》字塔等千件珍贵文物，是中国古代建筑、雕塑、绘画的艺术宝库。另外，还有顺治皇帝出走后在五台山出家，以及康熙5次微服私访的传说，为这里增添了传奇色彩。

显通寺位于五台山中心区、菩萨顶脚下，是五台山规模最大、历史最悠久的一座寺院，它和洛阳的白马寺同为中国最早的寺庙。菩萨顶则是五台山最大最完整的一座喇嘛教寺院，也是中国除西藏地区之外的重要的藏传佛教寺院。寺内有天王殿、释迦牟尼殿、菩萨殿，在东院过厅和后院，有两座汉白玉四棱柱碑，碑身四面分别刻有汉、蒙、满、藏4种文字所书的碑文，为清代康熙帝手书。

行走于五台山的山路上，仿佛每一个台阶都能敲出几声梵音清咒。那遍布于山内的佛门之地，千百年来不断地用缭绕的佛香来消解世间的凡俗之气。山不在高，有佛则名，而这座清凉之山中的香烟古刹，将山与佛自然地合为一体。走进五台山，仿佛走进了一片心灵的净土。

黄山
Mount Huang

常言道“五岳归来不看山，黄山归来不看岳”，如果有一座山峰能集五岳韵味之大成，那便是有“天下第一奇山”之称的黄山。黄山的松、石、海、泉、峰、溪、瀑、湖，无一不奇，无一不秀，真是数之不尽的胜景，看之不完的奇观。

★名称：黄山

★位置：安徽

黄山屹立在中国安徽省南部，东起绩溪县的大嶂山，西接黟县的羊栈岭，北起太平湖，南临徽州山区，总面积1000余平方千米。黄山四季景致不同，韵味各异，迎客松、飞来石、仙人指路等美景天下闻名，奇松、怪石、云海、温泉四绝更是令人流连忘返、叹为观止。黄山内群峰林立，或傲然屹立，或俊俏秀丽，布局错落有致、浑然天成。这些山峰以天都峰、光明顶、莲花峰三大主峰为中心向四周延伸，形成深壑幽谷与峰峦峭壁相间的景观，呈典型的峰林地貌。

天都峰位于黄山东部，西对莲花峰，东连钵盂峰，海拔1810米，“健骨竦桀，卓立天表”，在黄山群峰中最为雄伟壮丽。古人将其视为“群仙所都”，故取名为天都峰。站在

黄山云海漫漫，日出东方，太阳恰似从浩浩沧海中跃出。

峰顶举目远眺，但见群山竞秀，云海苍茫，云峰相接，美不胜收。古诗有云："任它五岳归来客，一见天都也叫奇。"现存文字记载中，登上天都峰的第一人是唐朝的岛云和尚。在历尽千辛万苦登顶成功之后，他在绝壁上留下了《登天都峰》一诗："盘空千万仞，险若上丹梯；迥入天都里，回看鸟道低。他山青点点，远水白凄凄；欲下前峰暝，岩间宿锦鸡。"

光明顶位于黄山中部，海拔1860米，是黄山的第二高峰。顶上平坦而高旷，地势开阔，日照长久而充足，故而得名光明顶。站在光明顶上，东海奇景、西海群峰、炼丹、天都、莲花诸峰尽收眼底，一览无余。明代普门和尚曾在光明顶上修建大悲院，现在大悲院已不复存在，后人在其遗址上建起了黄山气象站。

莲花峰位于黄山中部，玉屏峰西南，东对天都峰，海拔1864米，是黄山最高峰，也是华东地区第三高峰。此峰峻峭高耸，气势雄浑，中间主峰突兀而出，周围小峰簇拥，仿佛莲花仰天怒放，故名"莲花峰"。莲花峰绝顶处方圆丈余，中间有香砂井，置身峰顶，遥望四方，千峰竞秀，万壑生烟，万里晴空时，可东望天目山，西望庐山，北望九华山和长江。雨后，纵观八面云海，更为壮观。莲花峰顶还有一个奇观，就是绝顶四周铁索上挂满了各式各样的锁，它是年轻的情侣或夫妇携手向上的连心锁，以示永结同心。

黄山因为山高谷深，雨水充沛，在低温和高压的影响下，低层水汽凝结成云雾，形成黄山云海。站在黄山上看云雾迷漫，浩瀚无际，瞬息万变，动静结合，气象万千，形成云海奇景，所以黄山又被称为"黄海"。

迎客松已经成为黄山的标志性景观，其树龄已达1300多年。

除去美景之外，黄山在地质上也具有特殊的地位。以黄山为中心，建立起了黄山地质公园，它以中生代花岗岩地貌为特征。在距今约1.4亿年前的晚侏罗纪，地下炽热岩浆沿地壳薄弱的黄山地区上侵，大约在6500万年前，黄山地区的岩体发生较强烈的隆升。随着地壳的间歇抬升，地下岩体及其上的盖层遭受风化、剥蚀，同时也受到来自不同方向的各种地应力的作用，在岩体中产生不同方向的节理。自第四纪距今175万年以来，间歇性上升形成三级古剥蚀面，终于形成了今天的黄山。在这些岩体中，由于矿物组成、结晶程度、矿物颗粒大小、抗风化能力和节理的性质、疏密程度等多方差异，造成了宛如鬼斧神工般的黄山美景。

黄山是美的集合，是天地造化的宠儿。黄山之美，浑然天成，仿佛与天地融为一体；黄山之美，无处不奇，无处不美；黄山之美，无法用语言尽述，也许只能用心灵去体会领悟。

武夷山 Mount Wuyi

三三秀水清如玉，六六奇峰翠插天。所谓三三秀水，就是千回百转的九曲溪；所谓六六奇峰，就是围绕九曲溪的三十六峰。造化的神奇，塑造了武夷山神秀多姿的美景。

★名称：武夷山
★位置：福建
★盛誉：华东大陆屋脊

武夷山地处福建省西北部，是中国东南沿海的重要山脉，也是东南沿海地区重要的自然地理界线。武夷山西部是全球生物多样性保护的关键地区，分布着世界同纬度带现存最完整、最典型、面积最大的中亚热带原生性森林生态系统；东部山与水完美结合，人文与自然有机相融，以秀水、奇峰、幽谷、险壑等诸多美景，悠久的历史文化和众多的文物古迹而享有盛誉；中部是联系东西部并涵养九曲溪水源、保持良好生态环境的重要区域。

武夷山有着丰富而完整的中亚热带原生性生态环境气候，植物树种和珍稀动物分布非常广泛，这里的植物树种在古热带植物区、大洋洲植物区和新热带植物区都有分布。以武夷山为中心，在武夷山、建阳、光泽三县（市）交界处，南北长52千米，东西宽22千米，方圆570平方千米，建有武夷山自然保护区。因为山势陡峭，群峰林立，既挡住了西北寒流的侵袭，又截留了海洋的温暖气流，因此，这一地区常年雨量充沛，气候温湿，非常适宜动植物繁衍生息。

武夷山的形成经历了漫长的岁月。同喜马拉雅山脉一样，最初的时候，武夷山地区不过是一片海洋。在距今4亿年前，由于剧烈的板块运动，武夷山逐渐成了内陆湖盆，开始造山运动。经过了4亿年沧海桑田的演变，最终形成了如今的这座天下名山。

武夷山山水相连，水山合一，浑然一体。在葱郁的群山之间，曲折萦回的九曲溪犹如一条美丽的纽带，将武夷山的山山水水联系了起来。九曲溪发源于武夷山自然保护区黄岗

武夷山的象征玉女峰耸立于二曲溪南，其外形恰似一位亭亭玉立的少女。

山南麓，全长60千米，流经景区长度为9500米。“曲曲山回转，峰峰水抱流”，正是九曲溪的动人写照。“不钓鱼与鳖，专钓王与侯”，相传当年姜子牙就是隐居武夷之中，在九曲溪直钩垂钓以待文王，至今仍有太公脚印留在溪石之上。宋代理学大师朱熹曾经常在九曲溪两岸信步游走，为九曲溪的秀丽神韵所深深吸引，因而提笔写就了流传千古的《九曲棹歌》。

武夷山的三十六峰之中，被称为“武夷第一峰”的天游峰位于九曲溪六曲北面。天游峰上的一览亭，濒临万丈悬崖，抬头可见青天，俯首则武夷山水尽收眼底，是一座绝好的观景台。倘若选在雨后初晴或者晨光熹微的时候登临此处，便可见云海茫茫、气象万千，仿佛置身于天宫仙境一般，天游峰之名便是由此而来的。所以徐霞客才毫不犹豫地把天游峰评为三十六峰中的第一峰：“其不临溪而能尽九溪之胜，此峰固应第一也。”天游峰峰顶有胡麻涧，涧水从峰头直泻而下，落差达到100米，如白练千寻，其名为雪花泉，为山中的一大奇观。

轻盈缥缈的云霭，辗转反复的流水，百转千回的丹山，共同构筑了武夷山的山水画卷。

天游峰附近乃是武夷山美景集萃之地，步步有景，山水相连。丹霞嶂东面有水帘洞，是武夷山最大的洞穴，高、宽各100多米。洞前有两道清泉，自峰顶奔泻而下，形如水帘，故而得名。如遇到有风吹过，水帘便会散为无数晶莹的水珠，随风飘洒，恍如天女散花，又如悬挂的两幅珠帘，迷离朦胧，另有一番别样的美。

武夷山之美，不仅仅在于山水之间。那九曲回环的碧溪之上，那相对而出的青山之中，无不蕴含着深厚的文化氛围。理学大师朱熹在此定居50年，著书70余部，创立了对后世影响深远的朱子理学。婉约派大词人柳永，便出生于武夷山。而李商隐、辛弃疾、陆游等众多骚人墨客，都将自己的足迹留在了武夷山，也将自己的赞美献给了武夷山。品味武夷山，不单只是要鉴赏自然的景物，那流传于山水间的诗词歌赋，民俗人文，都是武夷山的魅力所在。

阿里山 Mount Ali

高山青、涧水蓝，阿里山的姑娘美如水呀，阿里山的少年壮如山……正是这首广为传唱的台湾高山族民歌让许多人熟知了阿里山这个名字。山区内群峰耸峙，其中犹以神木、樱花、云海、日出四大胜景远近驰名，再加上森林铁路，号称“阿里山五奇”。

★名称：阿里山
★位置：中国台湾

位于祖国宝岛台湾的阿里山，并非仅指一座山，而是由地跨南投、嘉义二县的大武峦山、尖山、祝山、塔山等18座大山组成。

阿里山为台湾三大林场之一，在蓊郁俊美的大片森林中，以阿里山神木最负盛名。神木耸立在阿里山主峰的神木车站东侧，树高52米左右，树围约23米，需十几人才能合抱。阿里山云海为台湾八景之一。登上山顶平台，放眼远眺，白云从山谷涌起，迎风飘荡，瞬息万变，时而如汪洋一片，淹没千山万岭；时而如大地铺絮，足下一片白茫茫；时

阿里山邹人玛雅斯比祭（战祭）中的“送神祭”仪式，勇士们在神树前围着火塘唱送神曲。

阿里山森林火车从山脚登峰，似沿“螺旋梯”盘旋而上，在几小时内可穿过热、亚热、温、寒四带迥异的森林区。

而如山谷堆雪，林海中若隐若现。观日出的地点则以祝山为最佳。祝山山巅建有观日楼，凌晨登临楼台，初见东方微露一抹红晕，淡若无有，却又似弥漫天空。而为世界所称奇的阿里山森林铁路大都穿山越岭、沿着山壁或架空而筑，为世界现今仅存的三大高山铁路之一。沿途有82条隧道，最长的达1300米。铁路全长72千米，却由海拔30米上升到2450米，搭乘森林火车，沿途可见高大挺拔的桉树、椰子树、槟榔树等热带古木，四季常绿的樟、楠、槠、榉等亚热带阔叶树，茂密的红桧、扁柏和姬松等温带针叶树，乃至以冷杉为主的寒带林景观。

在阿里山林区，还有姐妹潭、孔雀溪、慈云寺、树灵塔、受镇官及高山博物馆、高山植物园等名胜。去阿里山，寻觅造物之美，回归自然纯真，阿里山纷呈的美景正吸引着越来越多的人去探访。

庐山 Mount Lu

庐山是中华文明的发祥地之一，这里的佛教和道教建筑、代表着理学观念的白鹿洞书院，以其独特的方式融汇在自然美之中，形成了具有极高美学价值的文化景观。

大自然的神奇伟力，造就了神奇的庐山。几千万年前的地壳运动，造就了庐山叠嶂九层、崇岭万仞的气势，伴生出诡峰不穷、怪石不绝的阴柔之美。

“庐山”始见于史书是在西汉时期，司马迁《史记》中有“太史公曰：‘余南登庐山，观禹疏九江。’”。自史载司马迁第一个“南登庐山”以来，庐山以其优美的自然景观和优越的地理位置，吸引着东西南北、古往今来的游人。无论是文人墨客，还是僧人羽士、文臣武将，多有在此驻足建舍，刻石留文，庐山因此成为一座文化名山，这也是庐山不同于其他众多名山的一大特点。

庐山方圆250平方千米，有90余座山峰，山势崔嵬，危崖罗列，所以古人有“庐山诸峰面面奇”之说。庐山最高峰汉阳峰，海拔1474米，由花岗岩构成的山体，高耸峻峭，形如华

庐山壮丽的日出景观

盖。据说，在月明风清之夜，登上峰顶，可以看到汉阳灯火，故名曰“汉阳峰”。峰顶一处悬崖形同靠椅，相传大禹治水时，就坐在这崖上俯视长江，考虑如何疏导九江，故称之为“禹王崖”。司马迁曾专程登此崖凭吊大禹。登峰顶，只见黑松遍布，矮小盘结，形状奇异。大汉阳峰下有康王谷，为庐山最大的峡谷，长约1000余米。相传秦始皇灭六国时，秦国大将王翦追楚康王至此，为暴风雨所阻，康王脱险并隐居于此，故名“康王谷”。

“飞流直下三千尺，疑是银河落九天”，这是唐代诗人李白对庐山瀑布的描写。水是山之灵，庐山瀑布数量之多，气势之宏伟世间罕见，其中庐山三叠泉可谓“庐山第一奇观”。三叠泉从海拔1453.2米的庐山第二高峰大月山流出，落差达到155米。谷风吹来，流水如冰绢飘洒在空中，好似万斛明珠，晶莹夺目。由观瀑亭绕道下行，可临观音崖、观音洞，洞下即绿水潭，潭畔岩石上刻有翰林邓旭书写的隶书“竹影疑踪”四字。元代书画家赵孟頫的《水帘泉》对三叠泉做了细致的描写：“飞天如玉帘，直下数千尺。新月如帘钩，遥遥挂空碧。”

庐山三叠泉高百余米，上叠形如飘雪拖练，中叠形如碎玉摧冰，下叠形如玉龙走潭，被誉为“庐山第一奇观”。

庐山还是座天然植物园，享有“绿色宝库”之称。植物种类丰富、起源古老、地理成分复杂，热带种类较多、南北植物区系成分交汇过渡。庐山区域内植物品种有3400多种，植物科的地理分布类型共有7个，其中尤以“中国特有类型”引人瞩目，它们大多属于第三纪以来的古老孑遗植物，主要有鹅掌楸、香果树、大血藤、青钱柳、血水草、长年兰、杜仲、喜树等。

东晋时期，庐山成为中国南方佛教中心。庙宇巍峨，宝塔峻峭，漫山充溢着宗教色彩。时至今日，东林寺、西林寺、千佛塔、诺娜塔、赐经亭等宗教建筑艺术杰作，仍闪耀着迷人的光彩。

东林寺位于庐山西北麓，因在西林寺（现仅存遗址）之东而得名，是中国佛教净土宗发源地。东晋太元十一年（386），名僧慧远在此建寺讲学，并创设莲社（亦称白莲社），倡导弥陀净土法门，后被推为净土宗始祖。唐时极盛，有殿堂310余间，门徒数以千计，藏经及论著数万卷。明、清以来，东林寺屡遭兵祸毁坏，现存殿宇基本为清末遗物。

庐山的牯岭地区别墅林立，到20世纪30年代为止，这里有不同国家建造的别墅1000多栋。这些别墅大部分是西方建筑风格，但别墅中园林的布置都采用了中国传统的方式。西式别墅与中国的传统文化和谐地融合在一起，构成了庐山独特的人文景观。

塔克拉玛干沙漠

Taklimakan Desert

塔克拉玛干沙漠充满了奇幻和神秘的色彩。变幻多样的沙漠形态，丰富而抗盐碱风沙的沙生植物，尚存于沙漠中的湖泊，穿越沙海的绿洲，以及被深埋于沙海中的丝路遗址、远古村落都笼罩在神奇的迷雾之中，有待于人们去探寻。

★名称：塔克拉玛干沙漠

★位置：新疆

★面积：33.76万平方千米

一望无垠的茫茫沙海，酷热干旱的生存环境，生命的禁区……一提到塔克拉玛干大沙漠，人们总会有这样的印象。塔克拉玛干沙漠位于塔里木盆地中心，东西长约1000千米，南北宽约400千米，面积33.76万平方千米，仅次于非洲撒哈拉大沙漠，是世界第二大沙漠。“塔克拉玛干”在维吾尔语中的意思是“进去出不来”，又称“死亡之海”，由名字便可见此沙漠的严酷可怕。

关于塔克拉玛干的形成，还有一个传说。在很久以前，人们渴望能引昆仑山上的雪水来浇灌干旱的塔里木盆地，便去祈求神仙帮助。一位慈善的神仙有两件宝贝，一件是金斧子，一件是金钥匙，神仙被百姓的真诚所感动，把金斧子交给了哈萨克族人，用来劈开阿尔泰山，引来清清的山泉水；

沙漠地区植被稀少，胡杨树是其中比较具有代表性的。胡杨树是干旱的荒漠地区唯一能生存的乔木树种，既耐高温又耐寒，具有极强的生命力，号称“沙漠三千岁”，即出生后千年不死，死后千年不倒，倒后千年不腐烂。

塔克拉玛干沙漠边缘的胡杨林

他想把金钥匙交给维吾尔族人，让他们打开塔里木盆地的宝库。不幸金钥匙被神仙的小女儿丢失了，神仙一怒之下，将女儿囚禁在塔里木盆地，从此盆地中央就成了塔克拉玛干大沙漠。

塔克拉玛干沙漠流动沙丘面积广大，沙丘高度一般在100米～200米，最高达300米，沙漠腹地内沙丘类型复杂多样，复合型沙山和沙垄宛若栖息在大地上的条条巨龙；塔形沙丘群呈蜂窝状、羽毛状、鱼鳞状等各种形状，变幻莫测。沙漠腹地有两座红白分明的高大沙丘，名为“圣墓山”，分别由红砂岩和白石膏组成的沉积岩露出地面后形成。圣墓山上的风蚀蘑菇，奇特壮观，高约5米，巨大伞盖下可容纳10余人。

塔克拉玛干沙漠生存条件极其严苛，这里干旱少雨，万里黄沙。白天，沙漠内赤日炎炎，银沙刺眼，沙面温度有时高达70℃～80℃。昼夜温差最大为40℃。极大的温差使沙漠中时常可见到海市蜃楼。所谓海市蜃楼，是指剧烈的温度梯度使光线发生显著折射时，在空中或地平线下出现的奇异幻景，又称蜃景。虽然沙漠中心地带条件恶劣，但在沙漠四周，沿叶尔羌河、塔里木河、和田河和车尔臣河两岸，生长着密集的胡杨林和柽柳灌木，形成“沙海绿岛”。

浩瀚的大漠使人畏惧，但同时也具有难以抗拒的魅力。塔克拉玛干的严酷，也许正是它的吸引力所在。苍穹之下，无边无际的沙漠延伸向远方，远远地与天际相接，有一种动人心魄的魅力。

将军戈壁

Jiangjun Gobi

将军戈壁是一个充满神话色彩的地方，一直戴着神秘的面纱。这里开阔的沙地上生长着红柳、梭梭和芨芨草，红黑色的石滩在阳光照射下，暑气蒸腾，经常会出现虚无缥缈的海市蜃楼幻影。

★名称：将军戈壁
★位置：新疆
★面积：近1000平方千米

卡拉麦里山的风蚀淋溶地貌

将军戈壁的得名，相传与唐朝的一位战将有关。据传唐初一位大将率500余名士兵与西突厥决战于这一戈壁地带，战场上刀光剑影，哀声动地，血肉横飞，西突厥人溃散了，但唐军也迷失了方向，陷入无水的绝境，最终全军在此壮烈捐躯。后人在此处修了一座庙以示纪念，取名为“将军庙”，这一带的戈壁荒滩因此被称为将军戈壁。而今将军庙已经倒塌，然而它却作为一个地名被流传了下来，成为通往中蒙边界的必经之路。将军戈壁是一个充满了神奇魅力的地方，它独特的地理环境孕育了奇丽的自然景观：火烧山如烈焰腾空，红柳林如红毡铺地，梭梭林苍翠如玉，海市蜃楼虚无缥缈，构成了一派令人叹为观止的沙漠奇景。

亿万年前，由于地壳的运动，这里形成了一些砂岩结构的山体，这些较为松软的岩石在自然力的长期剥蚀下，形成了千奇百怪的造型和大大小小的洞穴，属于典型的雅丹地貌，被称为魔鬼城，与亚洲最大的硅化木群、轰动全国的恐龙沟，以及被称为化石之库的石钱滩一起，并称为将军戈壁“四大奇迹”。

横亘在将军戈壁北部的卡拉麦里山，是北塔山系的一条低矮山脉，它自西向东横跨吉木萨尔、奇台、木垒三县，绵延900千米。它的北面就是阿勒泰地区。严格地说，卡拉麦里山过于低矮，并不能算作山，应该算是丘陵地貌。这里地势起伏多变，形成大大小小数不清的小山包，高者也不过数十米。

卡拉麦里山植被茂盛，有大片大片的梭梭和红柳混交林覆盖其上，有的林子高达六七米，密密匝匝，遮天蔽日，十分壮观。春夏秋季，这里水草繁茂，山花遍野，呈现一派美丽的草原风光。所以这里自古就是野生动物的乐园，栖息着数以百计的有蹄类动物和珍禽，尤其是成群结队的蒙新野驴，更是卡拉麦里山的独特景观。

将军戈壁的风景，堪称戈壁滩中的另类。狰狞的魔鬼城体现了生命的严苛，而苍翠的绿色植被与众多的动物却能够让人看到勃勃的生机。将军虽已不在，将军戈壁的奇景却与将军美名一道，千古流传。

火焰山
Mount Flame

刘禹锡的《陋室铭》中有句名言“山不在高，有仙则名”，这话对于火焰山来说真是非常适用。虽然火焰山高度不起眼，却凭借《西游记》中孙悟空三借芭蕉扇的故事而闻名遐迩，充满了古老的神话色彩。

★名称：火焰山
★位置：新疆

火焰山脉位于吐鲁番盆地的北缘，乃是古丝绸之路北道，呈东西走向。古书称火焰山为“赤石山”，维吾尔语称“克孜勒塔格”，意为“红山”。它由红色砂岩构成，东起鄯善县兰干流沙河，西止吐鲁番桃儿沟，长100千米，最宽处达10千米。火焰山海拔500米左右，素来以高热而闻名。这里童山秃岭，寸草不生。每当盛夏，红日当空，地气蒸腾，焰云缭绕，赤褐色的山体在烈日照射下，熠熠闪光，形如飞腾的火龙，十分壮观。火焰山之名便是由此而来。

吐鲁番盆地的气温之高众所周知，而火焰山则称得上是中国最热的地方。火焰山夏季最高气温高达47.8℃，地表最高温度高达70℃以上，沙窝里可烤熟鸡蛋。不过昼夜温差很大，当地有民谚道：“早穿棉袄午穿纱，守着火炉吃西瓜。”由于地壳运动断裂与河水切割，山腹中留下许多沟谷，主要有桃儿沟、木头沟、吐峪沟、连木沁沟、苏伯沟等。而这些沟谷中却绿荫蔽

火焰山下的柏孜克里克千佛洞，始凿于南北朝后期。在木头沟西岸的悬崖上，凿有洞窟83个，现存57个。在唐、五代、宋、元长达7个世纪的漫长岁月中，这里一直是高昌地区的佛教中心。

日，风景秀丽，流水潺潺，瓜果飘香。

火焰山是天山东部博格达山坡前山带短小的褶皱，形成于喜马拉雅造山运动期间。火焰山的基本地貌格局形成于距今约1.41亿年前，经历了漫长的地质岁月，跨越了侏罗纪、白垩纪和第三纪几个地质年代。在火焰山的南麓，还有著名的高昌古城遗址，维吾尔语称都护城，即“王城”之意，因为此城为高昌回鹘王国的都城，故得此名。它位于火焰山南麓的木头沟河三角洲，是古丝绸之路的必经之地和重要门户。高昌古城历史悠久，始建于公元前1世纪的汉代，因其“地势高敞，人广昌盛”而得名。汉唐以来，高昌是连接中原、中亚、欧洲的枢纽。

火焰山赤红的山体和由于常年高温形成的龟裂土地使人一见便觉暑气扑面，炽热难当。

火焰山有其独特的地貌与自然条件，而“孙悟空三借芭蕉扇”的传说故事也给这座奇山增添了浓郁的神话色彩。

罗布泊
Lop Nur

它曾经是一条面积广大且水草丰茂的内陆大河，“广袤三百里，其水亭居，冬夏不增减”，在它的周边曾经形成了辉煌灿烂的古代文明，为世人所瞩目。然而现在，曾经的巨河却已经干涸殆尽，只留下它的遗迹供后人凭吊。

★名称：罗布泊
★位置：新疆/甘肃/青海
★面积：约2400平方千米

罗布泊地处甘肃省、青海省与新疆维吾尔自治区交界处，其大部分面积处于美丽富饶的新疆，天山山脉的东南部。罗布泊北依库鲁塔格山脉（天山余脉），南临阿尔金山北麓与昆仑山山脉东北角，东接敦煌，西连塔克拉玛干沙漠。

罗布泊曾经是中国第二大内陆河，因地处塔里木盆地东部的古丝绸之路要冲而著称于世。古罗布泊诞生于第三纪末、第四纪初，距今已有200万年，面积约2万平方千米以上，在新构造运动影响下，湖盆地自南向北倾斜抬升，分割成几块洼地。现在罗布泊已经完全干涸，但在历史上，它曾经是塔里木盆地的积水中心，古代发源于天山、昆仑山和阿尔金山的河流，源源注入罗布洼地形成湖泊。

罗布泊腹地地貌

罗布泊历史上曾有过许多其他的名称，如坳泽、盐泽、涸海等。元代以后，罗布泊被称为罗布淖尔。汉代，罗布泊广袤丰盈，水草丛生，水源丰沛，使人猜测它“潜行地下，南也积石为中国河也”，被误认为是黄河的上源。这种观点，由先秦至清末，流传了2000多年。历史上，罗布泊最大面积为5350平方千米，塔里木河、孔雀河、车尔臣河和米兰河等水源都注入其中。2000多年来，不断有中外探险家来罗布泊考察，写下了不少有关罗布泊的报道。罗布泊人是新疆最古老的民族，他们“不种五谷，不牧牲畜，惟以小舟捕鱼为食”。其方言是新疆三大方言之一，其民俗、民歌、故事都具有独特的艺术价值。

然而由于气候变迁等多方面的原因，到4世纪，罗布泊已开始日渐枯竭。清代末叶，罗布泊水涨时，仅有“东西长八九十里，南北宽二三里或一二里不等”，成了一个小小的湖泊，不复昔日之盛况。1921年，塔里木河改道东流，经罗布泊，至20世纪50年代，湖的面积又达到了2000多平方千米。但到了20世纪60年代，塔里木河下游断流，罗布泊开始渐渐干涸，没有其他新的河源注入，到1972年底完全干涸，从此中国历史上的第二大内陆河彻底从人们的视线中消失了。

千百年前的罗布泊，湖光山色，碧水蓝天，成为沙漠古文明发展的摇篮。诸多的河流注入洼地，大小湖泊一脉相连，好似颗颗珍珠洒落在罗布泊洼地上。然而，昔日的美景已荡然无存，罗布泊如今已经成为干旱的不毛之地，其中的变迁令人唏嘘不已，足以引起人们对保护环境的重视。

“太阳墓”是罗布泊古楼兰国统治者的墓葬，围绕墓穴的是7层由粗渐细的巨木，圈外又有呈放射状展开的列木，整个外形酷似一个太阳。

乌尔禾魔鬼城

Devil Castle in Wuerhe

魔鬼城是因大自然的鬼斧神工而形成的特殊地质景观，在春夏秋冬不同季节，都会呈现不同的景象，给人以无限遐想。一些著名电影，如《卧虎藏龙》《英雄》等在地处进行了选景拍摄，使得乌尔禾魔鬼城更加闻名遐迩。

★名称：乌尔禾魔鬼城

★位置：新疆

乌尔禾魔鬼城位于新疆准噶尔盆地边缘的乌尔禾镇北侧，距离克拉玛依石油城约100千米，南靠艾里克湖，217国道就经过此地。这里的自然风蚀城堡绵延数十千米，俨然是一座气象宏伟的古城堡建筑群。“城”中遍地黄沙，寸草不生，夹杂着各种形状的嶙峋怪石，有的呈褐红，有的显青

黛，有的为橙黄，有的现灰绿，色彩艳丽，在周围的黄沙之间显得分外醒目。

魔鬼城中的怪石都呈现各种古怪的姿态，有的像破旧的城墙，有的像古老的庙宇，有的像擎天的塔楼，有的像巨大的蘑菇，还有的像飞禽走兽。

狂风是这里的常客，一旦风起，便沙石弥漫，天昏地暗。狂风在犬牙交错的岩石空隙中肆意穿越，发出震撼人心的怪叫声，如千车疾驰、万马嘶鸣，似狗吠狼嚎，令人毛骨悚然。这里的人们谈“城”色变，称该处为魔鬼城。

乌尔禾魔鬼城是因间歇洪流冲刷和强劲风力吹蚀共同作用形成的，所以也有乌尔禾风城之称，属于典型的雅丹地貌。雅丹是地理学名词，维吾尔语意为“险峻的土丘”。

雅丹专指干燥地区的一种特殊地貌。一开始在沙漠里有一座基岩构成的平台形高地，高地内有节理或裂隙发育，暴雨的冲刷使得节理或裂隙加宽扩大。一旦有了可乘之机，风的吹蚀就开始起作用了，由于大风不断剥蚀，形成风蚀沟谷和风蚀石柱或石墩。

旅游者到了这样一个地方，就像到了一个颓废的古城：纵横交错的风蚀沟谷是街道，石柱和石墩是沿街而建的楼群，地面形成似条条龙脊、座座城堡的景状。人们在柴达木盆地、准噶尔盆地内部所见到的类似乌尔禾魔鬼城的“城池”，都属于这种情形，其宏大规模都令人惊叹不已。

魔鬼城呈马蹄形，千百年来，风将这片以泥沙为主体的戈壁台地打造成了一座千姿百态的城池。

阿里 Ngari

选择中国最不适宜人类居住的地区，世界上的最高地区——阿里一定会榜上有名，但它却总能吸引那些探奇搜险的人们。如果说青藏高原是世界屋脊，那么阿里地区就是“世界屋脊之屋脊”。

★名称：阿里
★位置：西藏

阿里地区东起唐古拉山脉以西的杂美山，与那曲地区相连；西及西南抵喜马拉雅山西段，与印度、尼泊尔及克什米尔地区毗邻；南连冈底斯山中段，临日喀则地区的仲巴县、萨嘎县；北倚昆仑山脉南麓，与新疆维吾尔自治区相邻。

阿里是喜马拉雅山脉、冈底斯山脉、喀喇昆仑山脉汇聚的地方，群山竞高，湖泊星罗棋布，水力资源丰富，全地区有大小河流80多条，湖泊60多个，境内总流程9500千米，流域面积近6万平方千米。

古格王国遗址在阿里札达县札布让区象泉河畔的一座土山上，遗址由300多孔窟洞和3座10米多高的佛塔组成，占地约18万平方米。

阿里地区地形独特，湖泊众多，人烟稀少，具有独特的风光。这里耸立着众多美丽绝伦的雪山，险峻多姿，气势磅礴；这里有着星罗棋布的高原湖泊和天空般辽阔的草原，生存着各种高原珍奇动物和名贵的植物。被佛教信徒视为“世界中心”的神山岗仁波其和圣湖玛旁雍错都位于阿里地区，此外还有古格王国遗址、托林寺、班公湖自然风景区、鸟岛、科加寺、独特的地貌札达土林、东嘎皮映洞窟壁画、古象雄文化以及具有500年历史的普兰国际市场等著名景点。

这里有4条著名的河流，即狮泉河、孔雀河、象

岗仁波其峰在玛旁雍错以北，被尊为佛教圣地，为信徒朝拜巡礼之地。

泉河和马泉河，分别是印度河、恒河、萨特累季河和雅鲁藏布江的源头。

古格王国是在10世纪前后，由吐蕃王朝末代赞普朗达玛的重孙吉德尼玛衮在王朝崩溃后，率领亲随逃往阿里时建立起来的。遗址位于阿里札达县札布让区象泉河畔的一座土山上，整个建筑分上、中、下3层，依次为王宫、寺庙和民居。在其红庙、白庙及轮回庙的雕刻造像及壁画中不乏精品。

在阿里札达县境内，还可以看到象泉河两岸有众多土林，密密绵绵，巧夺天工，蜿蜒曲折数十里。土林是经流水侵蚀而形成的特殊地貌，这些土林有的形似勇士驻守山头，有的形似万马奔腾，有的形似虔诚教徒静坐修行……姿态万千，神采各异，在高原迷幻光影的衬托下，宛若神话世界。

神山岗仁波其是西藏众多的神山中地位最尊贵的一座，旁边是圣湖玛旁雍错。每年来此朝拜转山的信徒络绎不绝，据说转山108圈即可成佛。

阿里地区地处高寒之地，气候条件恶劣，交通极为不便。但那“世界屋脊之屋脊”的诱惑力却让人们无法抗拒，吸引着勇敢的人们来征服它。

鸣沙山

Mount Mingsha

鸣沙山沙峰起伏，沙脊如刃，沙坡陡峭，十分壮观。人从山顶下滑，沙随人落，响声如雷。若在晚间登临，不仅能听到沙鸣，还能看见人体移动引起沙粒摩擦所产生的五彩缤纷的火花。

位于甘肃省河西走廊西端的敦煌市是古代“丝绸之路”上的名城重镇，这里曾经创造了世界瞩目的“敦煌文化”，为人类留下了众多的文化瑰宝。

敦煌不仅有举世闻名的文物宝库——莫高窟，还有“大漠孤烟、边墙障，古道驼铃，清泉绿洲”等多姿多彩的自然风貌和人文景观。其中，鸣沙山月牙泉风景名胜区，是敦煌诸多自然景观中的佼佼者，古往今来以“沙漠奇观”著称于世，被誉为“塞外风光之一绝”。

鸣沙山位于敦煌城南5000米处，因沙动成响而得名。山为流沙积成，沙分红、黄、绿、白、黑5色。汉代称沙角

晚霞之下驼队在沙漠中行进。

山，又名神沙山，晋代始称鸣沙山。该山东西绵亘40余千米，南北宽20余千米，主峰海拔1715米，沙垄相衔，曲折回环。沙随足落，经宿复初，此种景观实属世界所罕见。对于月牙泉在沙丘中经百年烈风但并不被沙掩盖的不解之谜，有许多说法。有人认为，这一带可能是原党河河湾，是敦煌绿洲的一部分，由于沙丘移动，水道变化，遂成为单独的水体，而且因为地势低洼，渗流在地下的水不断向泉中补充，使之涓流不息，天旱不涸。这种解释似可看作月牙泉没有消失的一个原因，但却无法说明因何飞沙未能淤塞月牙泉。

清澈如碧的月牙泉充满种种神奇，其地处沙丘包围之中，每年狂风都会掀起周围大量的黄沙，但月牙泉却始终没有被沙掩盖。

月牙泉被鸣沙山环抱，因其形酷似一弯新月而得名。古称沙井，又名药泉，清代正名月牙泉。该泉面积约8800平方米，平均水深4.2米，水质甘洌，澄清如镜。流沙与泉水之间仅数十米。但虽遇烈风而泉不被流沙所掩盖，地处戈壁而泉水不浊不涸。这种沙泉共生，泉沙共存的独特地貌，确为“天下奇观”。

鸣沙山和月牙泉是大漠戈壁中一对孪生姐妹，“山以灵而故鸣，水以神而益秀”。游人无论是从山顶鸟瞰，还是于泉边畅游，都会心驰神往，确有“鸣沙山怡性，月牙泉洗心”之感。

雅鲁藏布大峡谷
Yaluzangbu Grand Valley

世界上最高的河流雅鲁藏布江拦腰切开世界上最高的山脉——喜马拉雅山脉，弯弯曲曲流经西藏南部，并且在南迦巴瓦峰形成了一个举世无双的大拐弯，神秘壮阔之美无与伦比，它是地球上“最后的秘境”。如果没有见过它，你就不能说你见过最壮美的峡谷。

★名称：雅鲁藏布大峡谷
★位置：西藏

雅鲁藏布大峡谷，地处西藏东南方，从米林县派乡转运站起到墨脱县巴昔卡止，为世界第一大峡谷。“峡”，即两山相夹之意，奇深无比的雅鲁藏布大峡谷，中间夹着的就是日夜奔腾的雅鲁藏布江。

雅鲁藏布大峡谷，是世界上最具特色的“自然遗产”之一，拥有许多“世界之最”：

它险峻幽深、侵蚀下切5382米，为世界峡谷之最深。

它曲折回环、咆哮奔腾496.3千米，为世界峡谷之最长。

它以平均海拔3000米以上的高度，位居“世界屋脊”青藏高原之上，是名副其实的世界大河之最高。

雅鲁藏布江大拐弯从米林县开始，朝东围绕南迦巴瓦峰做马蹄形弯曲。

从日喀则到拉萨之间，雅鲁藏布江或在大山间奔涌，形成长长的峡谷，或在平原上流淌，冲刷出宽宽的河谷。

它的流量超过4000立方米/秒，流速达16米/秒，为世界同类江河之最大。

它是世界山地垂直自然带最齐全的地方，具有从高山冰雪带到低河谷热带季风雨林等9个垂直自然带，在景色的多样性上，堪称世界之最完整。

它有丰富的生物资源，包括青藏高原已知高等植物种类的2/3、已知哺乳动物种类的1/2、已知昆虫种类的4/5以及中国已知大型真菌种类的3/5，在生物的多样性上，为世界之最丰富。

它劈开青藏高原与印度洋水汽交往的山地屏障，向高原内部源源不断输送水汽，使青藏高原东南部成为一片绿色世界；它将热带的界限在这里向北推进了5个纬距，成为北半球热带的最北限；它怀抱南迦巴瓦峰地区的高山峻岭，冰封雪冻，造就了一片规模巨大的热带、亚热带季风型温性冰川群落，又创造了一项无可争议的世界之最。

雅鲁藏布大峡谷不仅地貌景观异常奇特，而且还是独特的水汽通道。在这条水汽通道上，年降水量为500毫米的等值线可达北纬32°附近，而在这条水汽通道西侧，500毫米降水量等值线的最北端仅为北纬27°左右，两者相差5个纬距。这就意味着，这条水汽通道，可以把等值的降水带向北推进5个纬距之多。水汽通道还哺育了季风型温性冰川。沿雅鲁藏布大峡谷、以南迦巴瓦峰为中心，是中国西藏东南季风型温性冰川发育的一个中心，这就是由于雅鲁藏布江水汽通道输送印度洋暖湿水汽导致的结果。

雅鲁藏布江是藏族人民心中的天河，雅鲁藏布江大峡谷以高、壮、深、润、幽、长、险、奇、秀等特点成为世界上最险峻、最壮观的峡谷。

长江三峡

Three Gorges of the Yang Tze River

瞿塘峡雄峻，两岸山峰苍翠突兀，江心水流湍急；巫峡清秀，云雨中神女十二峰楚楚动人；西陵峡奇险，舟船行于险滩恶浪之间。

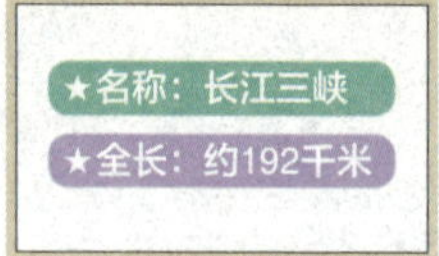

长江源远流长，奔流不息，养育着世世代代的中华儿女。长江水量丰富，终年不冻，是中国内陆最为重要的水路航道。长江沿岸，气候湿润，土地肥沃，造就了经济的繁荣发展。长江流域生物种类极其丰富，生存着大量的珍稀物种。长江蕴含着极其丰富的水力资源，宏伟的三峡工程，是当今全世界最大的水力发电站。长江，来自远古，奔向未来，一刻不停地造福着炎黄子孙。

长江之上，美景无数。其中，最为壮丽的无疑是长江三峡，那是长江上最为壮美奇丽的山水画廊。它西起重庆市奉节县的白帝城，东到湖北省宜昌市南津关，全长192千米，即通常所说的“大三峡”。除此之外还有大宁河的“小三峡”和马渡河的“小小三峡”。这九峡组成一派造化天成的瑰丽风景，两岸风光秀美，加之深厚的人文历史遗迹，成为中华地理上的一朵奇葩。

长江三峡中段的神农溪，溪水碧绿明净，两岸锦翠掩覆，如入翠宫。

大三峡由瞿塘峡、巫峡和西陵峡组成。瞿塘峡为三峡之首，长8000米，两壁对耸，最窄处不到百米，最宽处不过150米。瞿塘峡虽短，但峡内风光秀丽，山势险奇壮丽。沿江而下有粉壁墙、孟良梯、凤凰饮泉、倒吊和尚、犀牛望月等奇景。

巫峡西起巫山县的大宁河口，东到湖北省的官渡口，全长约40千米。峡中两岸青山连绵起伏，群峰壁立如屏，江流曲折，幽深秀丽，宛如一条天然画廊。峡两岸为巫山十二峰，其中以神女峰最为俏丽有名，令世人神往不已，人们往往把它看作巫山的象征。

西陵峡西起秭归县香溪口，东止宜昌市南津关，全长约76千米，是长江三峡中最长的峡谷，以险峻闻名于世，两岸有“生长明妃”的昭君故里香溪，屈原故里秭归和以风光绮丽著称，又盛产野人故事的神农架。峡中险峰夹江壁立，峻岭悬崖横空，奇石嶙峋，银瀑飞泻，古木森然，水势湍急，浪涛汹涌，景象万千。

西陵峡东止之地湖北宜昌，乃是古代巴人的发源之地。其时长江险恶、三峡崎岖，人民生活有颇多不便。但在如此艰难的生存环境之下，巴人仍然保持了乐观向上的生活态度，这从他们所流传下来的巴人舞可见一斑。巴人舞的曲调活泼明快，充满了欢乐的气氛，体现了古代巴人战天斗地的积极态度与乐观豁达的精神。

三峡大坝建成后，坝前水位抬高110米，但瞿塘峡和巫峡江段，水位仅抬高38米~46米。除屈原祠、张飞庙和一些石刻需要上迁外，其他景点雄姿仍在，有些景观更会因为水位的上涨而呈现崭新的面貌。同时，水位的上涨和交通的改善，还会为三峡增添如小三峡、神农架、溶洞群、神农溪、格子河石林等千姿百态的仙境画廊。

大宁河小三峡南起巫山县，北至大昌古城，包含龙门峡、铁棺峡和滴翠峡，全长约60千米。龙门峡长约3000米，峡口两岸青山相对，峰峦耸峙，形若铁门，龙门之名便来于此。峡内山峰高耸入云，悬崖上翠竹垂萝。河西绝壁上有一方方的石孔，延伸300余千米直到黑水河，共计6888个，为古栈道的遗迹。

扼瞿塘峡西口的夔门由江北的赤甲山与江南的白盐山组成，两山夹江对峙，崖高500米，江宽只有百米，恰似一扇天造地设的大门。

铁棺峡两岸怪石嶙峋，形态各异，在河东岸离水面四五米高的绝壁石缝中有一具黑色的悬棺，俗称“铁棺材”，铁棺峡一名即由此而来。此棺乃是古代巴人的悬棺，并非铁铸，不过颜色近似而已。

小三峡中最长的滴翠峡长约20千米，峡中遍布钟乳石，苍翠欲滴，故名滴翠峡。峡中有大宁河十二景之一的“赤壁摩天”，通体呈赤黄色的山壁陡立河岸，气势宏伟。还有直立江心的“关门岩”，远看好似铁索横江，阻拦船行去处，但到了岩前却见大门开启一缝，刚好可以通过。通过之后再回首，大门却已经合上了，令人心惊不已。

太鲁阁大峡谷

Tailuge Grand Valley

台湾的东海岸壁立万仞，凭海临风，太鲁阁大峡谷在这里纳太平洋之云气，融阿里山之晶莹，成就了一条惊世骇俗的宝岛画廊。

★名称：太鲁阁大峡谷
★位置：中国台湾
★长度：20千米

“太鲁幽峡”是我国台湾地区著名的旅游胜地，位于台湾东部花莲县西北，连绵20千米，是太鲁阁公园的一部分。两岸悬崖万仞，奇峰插天；山岭陡峭，怪石嵯峨；谷中溪曲水急，林泉幽邃，具有长江三峡雄奇景观连绵不断的气势，被誉为宝岛的三峡，为宝岛八景之冠。

太鲁阁大峡谷的原住民为泰雅人，该族曾经在峡谷附近建有近百个部落，形成了独特的泰雅文化。太鲁阁在泰雅语中的意思就是“伟大的山脉”。

太鲁阁是从泰雅语“鲁阁”来的，“鲁阁”是桶的意思。这里地势险要，曾多次作为战场，随处可见石头碉堡，易守难攻。它好似铁桶江山一样，故被称为“鲁阁”，通常叫太鲁阁。

入峡的第一景叫“太鲁长春”，集山崖、寺庙、溪流、瀑布于一身，景观迷人。寺庙长春祠，是为纪念在修建中横公路中殉职的141位工作人员而建的，黄瓦红柱，十分醒目，坐落于立雾公路对岸的崖壁下，祠旁有瀑布直泻溪谷，在祠上可观赏立雾溪周围的旖旎风光。

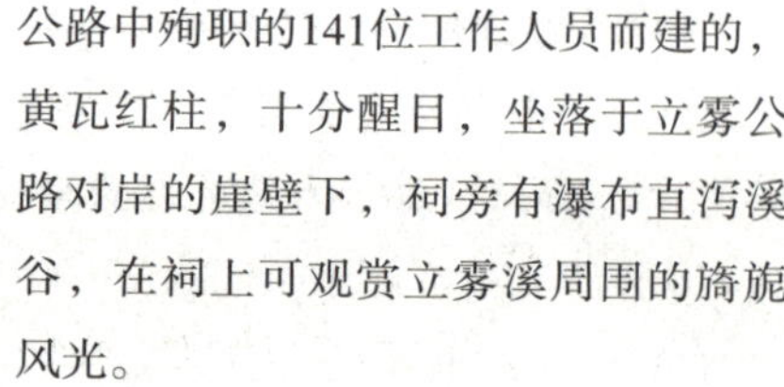

自长春祠复进深谷，沿着溪流绕过一座座巨崖，忽然一座壁立万仞的大断崖出现在眼前，人们称它“屏风岩”。危崖两岸皆垂直石壁，无路可通，唯有凿岩取道。为了取光，人们凿通隧道一侧的崖壁，开窗取光，沿途窗口不断，工程之浩大、艰难，实属罕见。

燕子口，还有一个燕子洞，因燕子在石洞里筑巢而得名，到了春天，有“百燕鸣春”的动人景观。

进入迎宾峡，为中横公路中最险峻的地段——锥鹿隧道。这里是驰名世界的全大理石断崖，高达1660米，下临深渊，名曰“锥鹿大断崖”，工程人员沿溪在崖缝中凿出凹槽，将公路嵌在岩石峭壁上，险峻无比。这是人类战胜自然的智慧和力量的印记。

太鲁阁峡谷中最壮观的是“虎口一线天”。这里断崖紧接着残壁。人在峡中，只见三面崖壁，仰首只见谷天一线。由于峡谷断裂线毫无规则，险崖犬牙交错，左转右旋，因此，钻进岩腹的隧洞一个接着一个，如九曲回肠，人们称之为“九曲洞”，是中横的一大奇观。

天祥，为太鲁阁峡谷最美的观光胜地，也是花莲的重要风景区，原为泰雅人山胞居住地。中横公路开通后，为纪念文天祥，建有文天祥塑像及公园，并改名为天祥。这里有梅园、福园，有气势雄伟的祥德寺、七级古塔、红色吊桥等景观。

太鲁阁大峡谷是全球罕见的大理石峡谷，大理石岩经过千万年的地壳运动，河流侵蚀形成了今天壮丽神奇的峡谷。

怒江大峡谷

Nujiang Grand Valley

怒江两岸山岭海拔均在3000米以上，因落差大，水急浪高，十分壮观。两岸多危崖，有“水无不怒石，山有俗飞峰”之称，每年平均以1.6倍于黄河的水量像骏马般奔腾向南，撞击出一条山高、谷深、奇峰峻岭的东方大峡谷。

★名称：怒江大峡谷
★位置：中缅边境
★盛誉：东方大峡谷

摊开中国地形图，其中西南部有一条犹如垂直线的大河特别显眼，这就是怒江。它发源于青藏高原唐古拉山南麓，流向由西向东至横断山之后，折转向南，经云南省西部怒江傈僳族自治州，进入缅甸，汇入印度洋。在横断山向南部分，它把大地切割成一个深深的夹缝，这就是怒江峡谷。

怒江大峡谷，被人们誉为“世界第三大峡谷”。实际上，怒江大峡谷与世界第一大峡谷——雅鲁藏布江大峡谷和世界第二大峡谷——美国西南部的科罗拉多大峡谷相比，上下难分，别具奇采。一奇：大。峡谷全长316千米。两侧有高黎贡山和碧罗雪山两大山脉，向谷底延伸出高深的千山万壑，沿江多为悬岩绝壁，悬河飞瀑。峡谷上宽下窄，上部山脊之间平均宽20千米左右，下部河床平均宽100米左右。深度由上部垂直向下平均2500米左右。二奇：直。怒江大峡谷尽管千回百转，但除首、尾两头稍偏西外，大部分地段基本跟地理坐标的经线平行，在东经98° 50′ 左右回转。地势北高南低，两侧山脊海拔北部为5218米和4114米，南部为2000多

怒江大峡谷俯瞰

米，谷底海拔由近2000米下降至600余米。怒江因此而一泻千里，宛如一条玉带，缠绕两山，汹涌澎湃，奔流直下。

怒江峡谷生活着傈僳、怒、独龙、白、汉、普米、纳西、藏、彝、傣、景颇等10多个民族，民族风情醇厚浓郁，多姿多彩，耐人寻味。

世界奇峡，令人注目，很早就有一些学者、专家、探险家在此探索。过去的怒江峡谷地区交通闭塞，如今道路四通八达，它那茂密幽深的森林，独特的民族风情，富饶的宝藏以及怪石奇峰、珍禽异草，吸引着越来越多的探险家和中外游客。

怒江从西藏进入云南后，遭遇悬崖绝壁的阻挡，由原来的南北流向急速改为由东向西，西转300米后，又遭遇陡坡，再次转弯180度，向东流去。

黄土高原

Loess Tableland

黄土高原是中国古代文化的摇篮，也是世界上最大的黄土沉积区。黄土高原和黄河都是中华民族的发祥地，千百年来，这片千沟万壑的黄色高原为中华民族的发展默默地提供着动力。

★名称：黄土高原

★位置：中国中部偏北，跨越7个省区

黄土高原是中国古代文化的摇篮，也是世界最大的黄土沉积区。按地形差别其分成了陇中高原、陕北高原、山西高原和豫西山地等区，大部分在海拔1000米～2000米之间。在黄土高原64万平方千米的辽阔土地上，从东南向西北，气候依次为暖温带半湿润气候、半干旱气候和干旱气候。植被依次出现森林草原、草原和风沙草原。

除了少数山地是石质的外，高原其他部分覆盖着厚厚的黄土层，厚度大约50米～80米，最厚的地方甚至达到180米。黄土的颗粒细，土质松软，含有丰富的可溶性矿物质养分，十分有利于耕作，因此黄土高原的盆地和河谷地区农垦历史悠久，养育了中国古代的灿烂文明。但同时，高原的水土流失相当严重。黄河的“黄”便主要来源于这里流失的黄土。黄河90%以上的泥沙来自黄土高原。

在这片黄土地上，居住着十几个民族，一亿多人口。人们依地就势，在这片土地上创造出了一种别具特色的民居——

在长期的流水侵蚀下，地面被分割得非常破碎，形成沟壑交错其间的塬、梁、峁。

窑洞，除了少数土房、砖房和楼房外，人们大多住在窑洞内。窑洞是从古代的穴居发展而来的，其工程省工省料，冬暖夏凉，非常适合居住。窑洞类型以在黄土坡上开挖的靠崖式窑洞最常见。人们在向阳的山腰或山脚的坡面上动工开凿窑洞，往往数洞相连，或上下数层，内有隧道式的小门。一院窑洞一般修3孔或5孔，中窑为正窑。窑洞深7米～8米，高3米多，宽3米左右，最深的可达20米。窗户则有1平方米左右的小方窗和3平方米～4平方米的圆窗两种。

窑洞是黄土高原的产物，沉积了古老的黄土地深层文化。窑洞内，炕周围的三面墙上约1米高的地方，会贴满一些绘有图案的纸和由各种烟盒纸拼贴的画，当地人称之为炕围子。炕围子的产生源自实用：它们可以避免炕上的被褥与粗糙的土墙壁直接接触摩擦，还可以保持清洁。为了起到装饰性的效果，人们在炕围子上作画，这就有了黄土高原上具有悠久历史的民间艺术——炕围画。窑洞的窗户更是人们装扮的重点，拱形的洞口由木格拼成各种美丽的图案，人们还用各式各样的剪纸装饰窑洞，给单调的黄土高原添上几分亮色。

黄土高原与黄河，是中华民族古老文化的发祥地。千百年来，这片千沟万壑的黄色高原，为中华民族的发展默默地提供着动力。

目前，黄土高原每年流失的土层达1厘米，在自然状态下，要形成1米厚的土壤需要1万～4万年，也就是说，形成1厘米厚的土壤要100年～400年。

小寨天坑
Xiaozhai Tiankeng

大自然的鬼斧神工，在地质演变过程中塑造了许多神奇的地理现象，“天坑”就是一种罕见的地理奇观，它在地理学上叫“岩溶漏斗地貌”，属于喀斯特地貌的一种。重庆奉节的小寨村天坑，就是一个这样的地理奇迹。

★名称：小寨天坑
★位置：重庆
★盛誉：天下第一坑

站在荆竹乡九盘河右岸山顶上俯瞰，可见几峰之间凹陷下去，形成一个幽深莫测的大坑，这就是著名的小寨天坑。四面坑壁异常陡峭，在东北方向峭壁上，一条羊肠小道，在竖直的石壁上盘旋环绕直至地心深处。坑壁有两级台地：位于300米深处的一级台地，宽2米～10米，上有两间古朴的茅草小屋。过去曾有两户人家在这里隐居，在台地上种植魔芋。难以想象绝壁上的羊肠小道，就是他们与外界的唯一通道。另一级台地位于400米深处，呈斜坡状，坡地上草木丛生，野花烂漫，坑壁有几个悬泉飞泻坑底。小寨天坑被洞穴研究专家评为“天下第一坑”，以它的惊险奇绝闻名于世。

小寨天坑与地缝属同一岩溶系统，天坑底部的地下河水由地缝补给。

小寨天坑底部有一条巨大的暗河，暗河的水来自一条被当地人称为“地缝”的神秘峡谷。地缝全长达37千米，但最窄处仅有2米，而峡谷的高度达900米，形成气势恢宏的“一线天”。在世界范围的许多风景区中，都有类似的险峻景观：两山对峙双峰欲合，中观蓝天一线。然而，奉节大地缝中惊险奇绝的景色，足以让其他同类景观黯然失色。从上面俯瞰，在群山之中，茂密的原始森林底下，隐隐约约可以看见一条云雾缭绕的缝隙，那就是深达数百米的神秘地缝，其中还流淌着一条只闻水声难见其形的地下河，被岩溶地质专家称作“世界喀斯特峡谷奇中之稀”。小寨天坑就是这条地下河的一个“天窗”。

小寨天坑的岩溶水文系统异常完整，在280平方千米的流域面积内存在着一个天坑群，共有硝坑天坑、冲天天坑、猴子石天坑等6个天坑。天坑不仅巨大，色彩也极其丰富。上部的绝壁岩纹奇特，红、黄、黑相间，犹如一卷国画。雀鸟不停地在岩缝中飞进飞出，鸣叫、觅食，赋予这巨幅画卷勃勃生机。天坑中部郁郁葱葱，布满杂树、野草、药材。

小寨天坑深666.2米，坑口直径622米，坑底直径522米，总容积1.19亿立方米，像一个举世无双的巨大“漏斗”。

织金洞 Zhijin Cave

织金洞是一个多格局、多层次、多类型的高位旱洞，洞内岩溶生长独特，景物规模宏大，雄伟壮观，千姿百态，精妙绝伦，囊括了世界所有岩洞的基本类型。走入织金洞，如同进入了神奇的童话世界。

织金洞位于织金古城东北裸结河峡谷南岸官寨苗族乡，又名打鸡洞，1980年4月，织金县人民政府组织的旅游资源勘察队发现此洞。

织金洞属高位旱洞，是一个巨大的岩溶洞穴系统，总长12.1千米，总面积70多万平方米，总容积近1000万立方米，最宽处为175米，最高处150米。洞内堆积物平均高度40米左右，最高堆积物达70米。由于所在地地形起伏、岩质复杂，岩溶物有着多格局、多阶段和多类型的特点，具有很高的旅游和科研价值。织金洞是世界上最美、最奇、最大的旅游溶洞之一，也是亚洲第一大洞，有“溶洞之王”“天下第一洞”“岩溶博物馆”“地下艺术宫殿”等美誉。

洞口位于山腰，高约15米，宽约20米，状如虎口。按其岩溶景观组合特征、自然形成的界限和岩溶物分布情况，目前分为10个景区，即迎宾厅、讲经堂、塔林洞、万寿宫、望山湖、江南泽国、雪香宫、灵霄殿、广寒宫、十万大山。

织金洞中的迎宾厅长200余米，由于洞口阳光照射，厅内长满苔藓。岩溶堆积物如巨狮、玉蟾、岩松。厅顶有直径约10米的圆形天窗，阳光可直射洞底；窗沿串串滴落的水珠，在阳光的照耀下，仿佛撒下千千万万个金钱，称“圆光一洞天”，又名“落钱洞”。侧壁旁一小厅中有一棵10余米高的钟乳石，其形如核弹爆炸后冉冉升起的蘑菇云，名“蘑菇云厅”。

织金洞囊括了当今世界溶洞中的各种沉积形态，它既是一座地下艺术宝库，又是一座岩溶博物馆，堪称“世界奇观”。走入织金洞，就像进入了一个神奇的童话世界。

■ 织金洞中遍布石笋、石柱、石塔、石鼓、石盾、石花等40多种堆积物，形成千姿百态的岩溶景观。洞道纵横交错，石峰四布，流水、间歇水塘、地下湖错置其间。

石林 Shilin

石林的石头生得奇形怪状，巍然耸立的石峰酷似莽莽苍苍的黑森林，所以人们形象地称它为“石林”。没有到过石林的人想象不出石林是个什么样子，不相信世界上会有万石成林、胜似仙境的地方。

石林是2亿多年前的海底石灰岩层，经地壳运动、海水和风雨侵蚀形成的自然奇观。

石林是石灰岩岩溶地貌（喀斯特地貌）的一种特有形态，大约在2亿多年以前，这里是一片汪洋大海，沉积了许多厚重的石灰岩。经过各个时期的造山运动和地壳变化，岩石露出了地面。约在200万年以前，由于石灰岩的溶解作用，石柱彼此分离，又经过常年的风雨侵蚀，无数石峰、石柱、石笋、石芽拔地而起，形成了今天千姿百态的石林。穿行其间，但见怪石林立，突兀峥嵘，姿态各异。石林壁峰之

石林峰丛如剑，如戟，直刺青天，赤色天幕背景前的深黛色剪影更显气势卓绝。

连片出现的高达20米～50米的石柱群，远望如树林，故得名“石林”。

间，翠蔓挂石，金竹挺秀，山花香溢，灵禽和鸣，一派生机盎然。石林与北京故宫、西安兵马俑、桂林山水相齐名，是中国四大旅游胜地之一。

关于石林的形成，有很多传说。有一种传说流传最广，说的是在远古的时候，哥自天神来到了石林，他看到这块贫瘠的土地上，彝族人民缺吃少穿，一年到头也吃不上一顿白米饭，不由得动了恻隐之心，回去后，准备好了石头和土，在一个夜晚赶着石头、挑着土又来到了石林。他想用土和石头把长湖的水堵起来，把高山改造成稻田，使撒尼人（彝族的一个支系，主要分布在石林地区）能够吃上白米饭。然而这天晚上出了怪事，所有的雄鸡天还没有亮就全都叫了起来，这样就破了哥自天神的法术。任天神怎样挥动长鞭抽打石头也无济于事，那些石头都像长了根似的立在地上不动了，最后他肩上的扁担也断了，两只筐变成了双肩山，那些石头就变成石林。现在细看那些大青石腰间，还留着一道道的鞭痕，令人啧啧称奇。

当你在奇石秀峰间缓缓攀登，饱览这仿佛不属于人间的奇妙景色，聆听着阿诗玛的动人传说，你会深深地感叹大自然的神奇与伟大。你会觉得石林的石头不但有生命，而且有感情，有灵魂，仿佛是凝聚了天地之间的灵气，才造就了这石之瑰宝、石之精华，才造就了石林的不朽魅力。

[图说天下]

长白山天池
Changbai Mountain's Tianchi
天山天池
Tian Mountain's Tianchi
纳木错 Nam Lake
青海湖 Qinghai Lake
喀纳斯湖 Kanasi Lake
西湖 West Lake
茶卡盐湖 Caka Saline
肇庆星湖
Star Lake in Zhaoqing
日月潭 Riyuetan Lake
洱海 Erhai Lake
漓江 Li Jiang River
塔里木河 Tarim River
淡水河 Danshui River
五彩湾 Wucaiwan
……

Greatest Hits from the Earth

自然杰作

长白山天池

Changbai Mountain's Tianchi

长白山天池及其周围地区，是松花江、鸭绿江、图们江三江之源。天池水面海拔2189.7米，最深处达373米。长白山风光奇绝，它那完整的垂直景观和原始生态系统是典型的大自然综合体，是中国最大的自然保护区之一。

★名称：长白山天池
★位置：吉林
★面积：9.8平方千米

如果有一个地方比巴比伦的空中花园更能让人忘怀尘世，如登天境，那就是长白山上的空中湖泊——天池。

长白山天池深锁于云山雾海之中，池水清澈寒冷，相传是七仙女沐浴的地方，其中还有一个美丽的传说。相传长白山上居住着一个残暴的喷火魔王，无人能够降伏。一个名叫吉利的姑娘请求天庭的帮助，王母送她一块千年寒冰。姑娘抱着寒冰钻进了魔王的肚子，魔王爆炸了，长白山头被炸开了一个缺口。吉利被王母收作女儿，她思念人间，降下瑞雪

长白山初融的冰雪化作小溪在山间潺潺流过。

将长白山头覆盖，又用雨水填满山口形成了湖泊。

天池水如此寒冷，让人不禁怀疑如何能做沐浴之用，这正是天池的神奇之处：古书上称天池之水“冬无冰，夏无萍”，这是由于池内有多处温泉，形成了几条著名的温泉带，水温常保持在42℃，隆冬时节热气腾腾，冰消雪融。温凉水之间界限分明，互不侵犯，天池因此得了个“温凉泊”的美名。在温泉处泡浴，如果不小心过界限一步，马上就会感受到彻骨冰寒的滋味。

此外，长白山中还有大小几十处温泉，聚龙泉是其中水量最大、分布最广、水温最高的，被誉为“长白山第一泉”。聚龙泉位于长白山北坡、长白山大瀑布下约1000米处。

走进温泉区，热气扑面而来，只见泉水从岩石的裂隙汩汩涌出，喷出口大者如碗口，水声响亮，小者粗如手指，细流涓涓。水色浊黄，周围的岩砾、砂石被染成红褐、黄绿等深浅不一的颜色，在氤氲的水汽中，闪烁着五颜六色的光芒。

明净如镜的天池水在晴空的映衬下，恰如一块镶嵌在长白山顶的碧玉。

其实，长白山是一座处于休眠期的火山，曾经有过7次大喷发，1702年的喷发——也是最后一次喷发之后，火山口积水形成了湖泊，就是如今我们看到的天池。天池是由长白山火山喷出的物质堆积在火山口周围所形成的湖泊，是中国最大、最深的火山口湖，形状大致呈椭圆形，周长约13千米。围绕着深碧池水的奇妙白石上，仿佛覆盖着千年不化的积雪。

围成天池的浮石有一个缺口，池水漫溢，从缺口中流出来，蜿蜒流淌约1000多米，从悬崖劈空泻下，形成了著名的长白山大瀑布。大瀑布流下的水汇入松花江，成为松花江的一个源头。

天池水中原本无任何生物，除了水之外，只有巨大的岩石。但近几年突然出现了一种冷水鱼——虹鳟鱼，此鱼生长缓慢，肉质鲜美。另外，还有人称曾在池边见过不明生物在水中游弋。不明生物的传说使得天池的美丽之中又加上了几分神秘色彩。

天山天池

Tian Mountain's Tianchi

天池风景区湖面呈半月形，面积约5平方千米。湖水清澈，晶莹如玉。四周群山环抱，绿草如茵，野花似锦，有“天山明珠”的盛誉。

天山天池湖面海拔1980米，湖面呈半月形，平均水深40米，最深处达105米，一泓碧水于青山中横然而卧，令人称奇。

天山天池是神话与现实的分界点，它隐藏在博格达峰的群山之中，古称“瑶池”，即传说中西王母宴请周穆王之地。西王母与天宫王母的形象在神话中重合后，瑶池又成了众仙宴饮的所在。湖边有一株巨大的榆树，相传是王母降伏水怪的碧玉簪——“定海神针”。

其实，它是位于博格达峰山腰中的天然湖泊。天池海拔1980米，面积约5平方千米，湖面呈半月形，长3400米，最宽处约1500米，湖深数米到上百米不等。湖水清澈，四周群山环抱，绿草如茵，野花似锦。挺拔苍翠的云杉、塔松漫山

遍岭，遮天蔽日。雄伟的博格达主峰突兀插云，峰顶的冰川积雪闪烁着皑皑银光，与天池湛蓝清澈的湖水相映成趣，构成了这个高山平湖绰约多姿的自然景观。

天池池水清澈幽深，平静如镜，引得许多文人墨客题诗赞颂。

与长白山天池不同，天山天池在地质学上属冰碛湖，是第四纪冰川运动的产物。这里群山环抱、碧水蓝天，雪峰雄伟挺拔，倒影在池水中，湖光山色，浑然一体。站在池边眺望，满山苍松叠翠，远处白雪皑皑，山脚下野花遍地，毡房点缀，羊群如珍珠洒落在绿茵上。景色错落有致，如诗如画。

天池脚下，还有东西两个小天池。西小天池是天池湖水透过地下湖坝粗大的冰渍物渗漏下来的泉水，在山嘴交汇的低洼处形成的一个积水深潭。东小天池是人工水坝的产物，池上的天池瀑布犹如银练飞泻，颇有几分“大珠小珠落玉盘”的韵味。

环绕天池的群山，是一座座资源丰富的“百宝山”。这里有牧场、林场、鹿苑，雪线（多年积雪区的下界）上还生长着雪莲。松林里出没着狍子，遍地长着党参、黄芪、贝母等药材。山壑中有珍禽异兽，湖区中有鱼群、水鸟，众峰之巅有冰川水资源，群山之下埋藏着铜、铁、云母等丰富的矿藏资源。

西北山后有铁瓦寺、南天门等寺院。东山有王母娘娘庙及山洞，还有高达100米的瀑布奔流直下。博格达峰倒映在湖中，山水交融，浑然一体，景色优美诱人。

天山的雪莲是一种菊科多年生草本植物。用晒干的雪莲浸酒服用，既能健身提神，又可以治疗腰酸背痛、风湿和关节炎。

纳木错
Nam Lake

纳木错湖海拔4718米，总面积约为1920平方千米，最深处约33米。纳木错湖水靠念青唐古拉山的冰雪融化后补给，沿湖有不少大小溪流注入，湖水清澈透明，湖面呈天蓝色，水天相融，浑然一体，闲游湖畔，似有身临仙境之感。

★名称：纳木错湖
★位置：西藏

纳木错藏语为“天湖”的意思，蒙语为腾格里海。它与羊卓雍错和玛旁雍错一起，被称为西藏的“三大圣湖”。纳木错湖面海拔4718米，总面积为1920多平方千米，素以海拔高、面积大、景色瑰丽而著称，是西藏自治区最大的湖泊，也是中国仅次于青海湖的第二大咸水湖。纳木错湖里盛产高原细鳞鱼和无鳞鱼，周围广阔的湖滨则生长着多种多样的植物和动物，形成水草丰美的天然牧场。在纳木错湖中，有5个大小不一的岛屿兀立于万顷碧波之中，传说这是五方佛的化身，凡去神湖朝佛敬香者，莫不虔诚焚香礼拜。其中伸入湖心的扎西半岛，居五个半岛之冠，半岛上的扎西寺，香火旺盛，是拜佛之人的必到之处。

玛尼石上的经文如同图案，一笔一画都凝结着信徒最虔诚的祈愿。

藏历羊年是藏传佛教传统中到纳木错转湖的年头。羊年转湖、马年转山、猴年转森林被认为是佛的旨意。在藏传佛教中，有“上冈底斯为佛之身，中纳木错为佛之语，下杂日山为佛之意”之说，转身的圣地冈底斯定为马年，转语的圣地纳木错定为羊年，转意的圣地杂日山定为猴年。据说如果能绕纳木错行一周，便能得到渊博的知识和无量功德，并舍去恶习及痛苦，最后获得正果。因此，按照西藏传统的习俗，信徒们每到了羊年都要沿着纳木错顺时针转上一圈，即所谓羊年大朝圣。每到这时，纳木错湖畔香火旺盛，人山人海。作为西藏最大的湖泊，想要绕行纳木错一圈并不太容易。由于湖面太大，湖边地形复杂，绕着纳木错转一圈常需20天～30天，最壮的小伙子也得跑10天，所以大家多用转扎西半岛来代替。据说，围着扎西半岛转7圈就等于转湖一周。

纳木错湖畔由玛尼石堆成的玛尼堆，也是圣湖的一大著名景观。所谓玛尼石，是指藏传佛教转经者在转经路上置于路口、山垭口的一种宗教石刻艺术品，上面通常镌刻六字箴言或佛像。年深日久，信徒们堆积的玛尼石像一座座金字塔，连同飘飞的经幡，和雪域高原苍凉的自然融为一体，在青藏高原上随处可见，形成一道道亮丽的风景。

纳木错湖波光粼粼，雾霭茫茫，有一份神秘的宁静沉淀于其中。而其深厚的宗教韵味，更是让人不得不肃然起敬。湖水沉默不语，叩等身长头的藏族老人用行动证明着自己的信念，来到这里的人们，一切的杂念似乎都能被消除，唯有用自己的虔诚，去感受那片神圣。

纳木错湖水靠念青唐古拉山的冰雪融化后补给，沿湖有不少大小溪流注入，湖水清澈透明，湖面呈天蓝色。

青海湖 Qinghai Lake

青海湖的面积比太湖的一倍还大，平均水深约19米，最深处约为28米，蓄水量达1050亿立方米，湖面海拔为3260米。即使是烈日炎炎的盛夏，平均气温也只有15℃左右，是理想的避暑消夏胜地。

青海湖位于青海省东部平均海拔3196米的高原之上，古称西海、羌海，又称鲜水、鲜海，汉代也有人称之为仙海，蒙古语叫作库库诺尔，藏语叫错温布，即“青色之海”。湖水面积4500平方千米，平均深度18.6米，流入湖中的大小河流有30余条，远看水天一色，一望无际，确实有几分海洋般的波澜壮阔。

青海湖四周被群山环绕，北面是崇宏的大通山，东面是巍峨的日月山，南面是逶迤绵延的青海南山，西面是峥嵘嵯峨的橡皮山。湖东岸有两个子湖，一名尕海，面积10余平方千米，为咸水湖；一名耳海，面积4平方千米，为淡水湖。这里地处内陆高原，气候寒冷干燥，是典型的大陆性气候，青海湖就是在这样的环境里滋养了周围的生命。

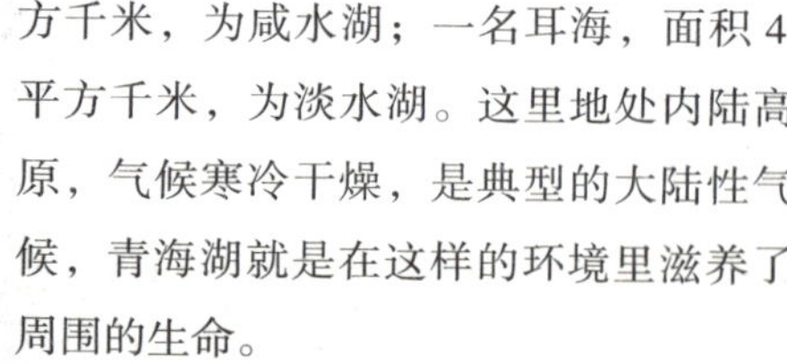

青海湖的湖水能分出层次，远看、近看、俯视或平视的景色都展示出不同的美。

过去的青海湖比如今更为广阔，它是构造断陷湖，由于地面下陷形成。形成初期原本是一个巨大的淡水湖泊，那个时代青海地区气候温和多雨，湖水通过东南部的倒淌河泻入黄河，是一个外流湖。后来由于地壳运动，湖东部的日月山、野牛山迅速上升，堵塞了青海湖的外泄通道，遂演变成了只进不出的闭塞湖。加上气候变干，湖水蒸发量增加，水量减少，而湖中的矿物质密度变大，青海湖由淡水湖逐渐变成咸水湖。

青海湖中鱼类品种十分单纯，经济鱼类仅有青海湖裸鲤一种，但数量极多。四五月间，鱼群游向附近河流产卵，布哈河口密密麻麻的鱼群铺盖水面，湖面呈现一片金黄色，鱼儿游动有声，挤挤挨挨翻腾跳跃，异常壮观。

青海湖鸟岛由海西山和海西皮两座小岛组成，海西山是斑头雁、鱼鸥的世袭领地，海西皮则是鸬鹚的王国。

青海湖鸟岛是以鸟类保护为主的自然保护区，湖中的沙岛、海心山、鸟岛和三块石等岛屿上，以及鸟岛至泉湾、那尕则的大片沿湖滩涂、沼泽地中，栖息着长途跋涉迁徙而来的众多候鸟，其中不乏珍稀品种。根据鸟类专家的估计，这里禽鸟总数在16万只以上，种类达到163种。

保护区之中的鸟岛和三块石两处景观最为著名，因为这里聚集着保护区70%以上的鸟类，每到繁殖季节，求偶声混成一曲壮美的合唱。

每年春夏五六月间，成群的鸟儿来到鸟岛繁殖、育雏，鸟岛上的鸟巢鸟蛋俯拾即是。进入金秋时节，各种鸟类家族分批离开这片乐土，飞往南方越冬。居住在这里的鸟类主要有斑头雁、鱼鸥、棕头鸥、鸬鹚、燕鸥、黑颈鹤、天鹅、赤麻鸭等，其中前4种最常见，约占鸟群数的70%。除斑头雁主要以植物为食外，其他3种均以鱼类为食。青海湖丰富的鱼类资源和湖畔茂盛的植物为候鸟们提供了丰盛的食物饵料，使鸟岛成为这些长羽毛的旅行者们梦寐以求的天堂，群鸟栖息也成为青海高原的一大奇观。近年来，这神奇壮丽的鸟岛风光，奇特的水禽生活，吸引了无数游人和鸟类爱好者来此观光。多年来，人类始终保持着对这片禽类领地的敬意和距离，使得飞鸟能够在这里自由栖息繁衍。鸟鸣自在悠扬，委婉动听，使人如聆仙乐。人与鸟之间达成了难得的默契与和谐。

站在青海湖畔，眼见远山逶迤，芳草如茵，湖面波光粼粼，耳边听得无数的鸟儿发出动人的鸣叫，仿佛来到了画中的世界，令人情不自禁深深沉醉于这片简单自然的美景之中。

喀纳斯湖

Kanasi Lake

喀纳斯湖的湖水随着季节和天气变化改变颜色，或深蓝，或墨绿，或灰白，或橘红，所以有“变色湖”之称。加上近年来的“喀纳斯湖怪”传说，更给喀纳斯湖蒙上了一层神秘的面纱。

★名称：喀纳斯湖
★位置：新疆
★面积：44.78平方千米

新疆阿尔泰地区，是亚洲腹心极端干旱区中的一个巨大“荒漠湿岛”。在“湿岛”上的布尔津县北部、海拔1374米的阿尔泰山脉西麓，有一座“天湖”，形如弯月，南北长24千米，东西宽1600米～2900米，比著名的博格达天池整整大10倍。该湖湖面海拔1370米，最深处为188.5米，除中朝边境上的白头山天池（最深312.7米）外，它是中国最深的湖泊，这就是喀纳斯湖，在蒙古语中意为“美丽富饶而神秘”的地方。

喀纳斯湖诞生在距今约20万年前，是第二次大冰期的巨大复合山谷冰川刨蚀而成的。当时，喀纳斯冰川长达百余千米，冰川厚度大约二三百米。冰川缓慢而稳定地退缩，在喀纳斯湖口留下了宽约1000米、高50米～70米的终碛垄，而后即迅速退缩，形成了现在喀纳斯湖的基础。

喀纳斯湖是活水湖，其形状如同一轮弯月。

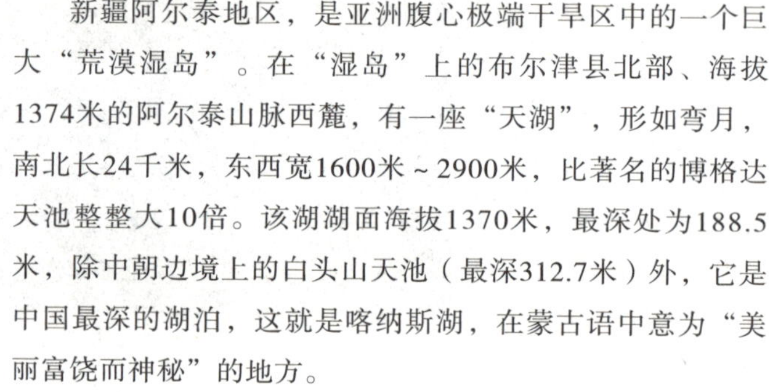

喀纳斯湖区属寒温带，冬季漫长，达7个月之久，春秋两季相连，全年无明显的夏季，无霜期80天～108天。每年6月上旬至10月上旬，这里气候宜人，月清日明，最热的7月份，一般平均气温在16℃上下，相对湿度63%。由于地处欧亚大陆腹地，远离海洋，光热资源丰富，这里形成了春秋温暖的气候特征。大西洋西风气流暖湿气团的不断涌入带来大量降水，年降水量1000毫米左右，水汽通道使这里成为新疆最湿润的绿色世界，空气中负氧离子含量很高。

喀纳斯湖区垂直自然景观带非常明显，在湖边就可看到阿尔泰山7个自然景观带的全貌，它们是黑钙土草甸草原带、山地灰黑土针阔叶林带、山地漂灰土针叶林带、亚高山草甸带、高山草甸带、冰沼土带和永久冰雪带。从山下到山顶，具备了从温带草原至极地苔原冰雪地带的多种自然景观，因此，为多种类型动植物的生存创造了有利条件。这里现有各种植物近1000种，鸟类100余种，两栖爬行类7种，鱼类8种，昆虫300种以上。在25种木本植物中，以西伯利亚落叶松、云杉、红松、冷杉为主，是中国唯一的西伯利亚松杉分布地。而貂熊、马鹿、盘羊、松鸡、哲罗鲑（大红鱼）、红鳞鲑（小红鱼）等动物则是受国家保护的珍稀动物。

喀纳斯河谷，时而平坦如茵，时而悬崖绝壁，“月亮湾”是喀纳斯河拐弯处的一处胜景，但当地的牧民却没有把此景作“月亮湾”的联想，而称其为“脚底湖”，因其外沿还有一个如脚印的漫滩。

喀纳斯的神韵见于景致，也见于它多变的云雾。这里是一个凹陷的山谷，湖水虽然平静，可从喇叭口泻出后汹涌澎湃，只要雨过天晴，气温略有回升，水蒸气就从河面升起，并在山林中散开。而在林间原野中，下了一夜的细雨，潮湿的原野也开始蒸发，晨雾在四周徘徊，山谷里的风又让它们东飘西摇，喀纳斯就成了时隐时现的“仙境”。

喀纳斯湖的神奇美妙之处，还见于湖水随季节和天气不同而变化的色彩。夏季烈日当空，湖水放射出层层乳白色的光华；秋天朗日，湖水又呈湛蓝或黛绿色；阴霾雾瘴的天气，湖面色调一片灰绿；有时则诸色兼备而成七彩湖。据考察，喀纳斯湖之所以成为变色湖的原因，就在于湖盆周边冰川的强烈融蚀作用带来了大量冰碛风化物颗粒，这些悬浮于水中的微粒在不同角度的光照下，会反射出不同颜色的光彩，因而湖水的颜色也就变得奇幻曼妙。喀纳斯湖除了有迷人的风光和丰富的动植物资源，还有着许多“诱人之谜”——“湖怪”之谜、云海佛光之谜、浮木之谜、变色湖之谜……吸引着旅游者去探险猎奇。

被称为天堂的喀纳斯，那一片平静中酝酿的湖光山色，总是令人迷醉不已。那份宁静中的美丽，仿佛能深深浸润人的灵魂，寻找一个在别处的天堂。

塔形的云杉、耐寒耐旱的落叶松，静候在湖边的白桦树，构成了喀纳斯多姿多彩的亚寒带针叶林景观。

西湖
West Lake

阳春三月，莺飞草长，苏白两堤，桃柳夹岸。两边是水波潋滟，游船点点，远处是山色空蒙，青黛含翠。西湖的美景不是春天独有，夏日里叶接天碧的荷花，秋夜中浸透月光的三潭，冬雪后疏影横斜的红梅，无论你在何时来，都会领略到不同寻常的风采。

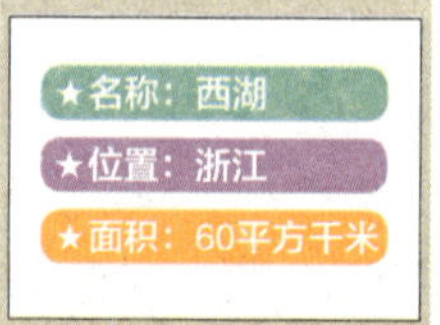

说起西湖的来历，有着许多优美的神话传说和民间故事。相传在很久很久以前，天上的玉龙和金凤在银河边的仙岛上找到了一块白玉，他们一起琢磨了许多年，白玉就变成了一颗璀璨的明珠，这颗宝珠的珠光照到哪里，哪里的树木就常青，百花就盛开。但是后来这颗宝珠被王母娘娘发现了，王母娘娘就派天兵天将把宝珠抢走，玉龙和金凤赶去索珠，王母不肯还，于是就发生了争抢，争抢中王母的手一松，明珠就降落到人间，变成了波光粼粼的西湖，玉龙和金凤也随之下凡，变成了玉龙山（即玉皇山）和凤凰山，永远守护着西湖。其实，西湖是一个泻湖。根据史书记载，远在

“西湖”这个名称，最早开始于唐朝。在唐以前，西湖有武林水、明圣湖、金牛湖、龙川、钱源、钱塘湖、上湖等名称。

秦朝时，西湖还是一个和钱塘江相连的海湾。耸峙在西湖南北的吴山和宝石山，是当时环抱着这个小海湾的两个岬角。后来由于潮汐的冲击，泥沙在两个岬角淤积起来，逐渐变成沙洲。此后日积月累，沙洲不断向东、南、北三个方向扩展，终于把吴山和宝石山的沙洲连在一起，形成了一片冲积平原，把海湾和钱塘江分隔开来，原来的海湾变成了一个内湖，西湖就由此诞生了。

作为国家的重点风景名胜区，西湖风景区历史悠久，人文荟萃，既有秀丽的自然风光，也有众多文化意蕴丰富的名胜古迹。主要景点有定名于南宋的西湖十景：断桥残雪、平湖秋月、三潭印月、双峰插云、曲院风荷、苏堤春晓、花港观鱼、南屏晚钟、雷峰夕照、柳浪闻莺，这些景致令人不由得联想到白蛇传的优美传说，以及拿着酒葫芦醉笑的济公和尚。

平湖秋月景区位于白堤西端，孤山南麓，濒临外西湖。作为西湖十景之一，南宋时，平湖秋月并无固定景址，这从当时以及元、明两朝文人赋咏此景的诗词中不难看出。流传千古的明万历年间的西湖十景木刻版画中，《平湖秋月》一图以游客在湖船中举头望月为画面主体。西湖秋月之夜，自古便被公认为良辰美景，充满了诗情画意。平湖秋月，高阁凌波，倚窗俯水，平台宽广，视野开阔，秋夜在此高眺远望，但见皓月当空，湖天一碧，令人沉醉。

苏堤南起南屏山麓，北到栖霞岭下，全长近3000米，是北宋大诗人苏东坡任杭州知州时，疏浚西湖，利用挖出的葑泥构筑而成的。后人为了纪念苏东坡治理西湖的功绩，将其命名为苏堤。长堤卧波，连接了南山北山，给西湖增添了一道妩媚的风景线。南宋时，苏堤春晓已成为西湖十景之首，元代又称之为“六桥烟柳”，列入钱塘十景，足见其景观美不胜收。苏堤长堤延伸，六桥起伏，走在堤桥上，湖山胜景如画卷般展开，万种风情，任人领略。

西湖上的柳浪闻莺是一座以春花为主景的大花园，沿湖柳荫夹道，轻风吹拂，春日黄莺鸣转其间，园内有掩映在修水繁荫之中的闻莺馆，是欣赏“三面云山，一湖秀水”的好去处。

“南屏晚钟”也许是西湖十景中问世最早的景观。北宋末年，名画家张择端曾经画过《南屏晚钟图》。“南屏晚钟”的情韵由此悠然成型。南屏山一带山岭由石灰岩构成，山体多孔穴，加以山峰岩壁立若屏障，每当佛寺晚钟敲响，钟声传到山上，岩石、洞穴等为其所迫，加速了声波的振动，振幅急遽增大后形成共振，岩石、洞穴便随之产生音箱效应，增强了共鸣。同时，钟声还以相同的频率飞向西湖上空，直达西湖彼岸，遇到对岸由火成岩构成的葛岭，回音迭起。

茶卡盐湖

Caka Saline

茶卡盐湖是柴达木盆地四大盐湖中最小的一个，也是开发最早的一个，盐湖中景观万千，有采盐风光、盐湖日出、盐花奇观等，构成了一幅绚丽的画卷。

★名称：茶卡盐湖
★位置：青海
★面积：105平方千米

茶卡盐湖位于柴达木盆地的东部边缘、乌兰县茶卡镇南侧。北依巍峨的完颜通布山，南靠旺秀山，东濒茶塘盆地，是一个富饶而美丽的天然盐湖。

盐湖的形成是由于灾难或地壳运动，青藏高原原来是海洋的一部分，经过长期的地壳运动，这块地面抬起变成了世界上平均海拔最高的高原，结果海水留在了一些低洼地带，形成了许多盐湖和池塘，茶卡盐湖就是其中的一个。茶卡是蒙语，意为“盐海”。茶卡盐湖的湖水面积、水深明显受季节影响，雨季时湖水面积可达105平方千米，相当于杭州西湖的十几倍，旱季时湖水面积明显减少。湖水属卤水型。底部有石盐层，一般厚5米，最厚处达9.68米，湖东南岸有长十几千米的玛亚纳河注入。其他注入盐湖的水流很小，且多为季节性河流。因其盐晶中含有矿物质，使盐晶呈青黑色，故

经过初步测算，茶卡盐湖的盐矿厚度8米，最厚可达15米以上，可供12亿人食用80年左右。

茶卡盐湖湖面海拔3059米，其外围山地海拔超过4000米。

称“青盐”。湖中含有近万种矿物和40余种化学成分的卤水，是中国无机盐工业的重要宝库。初步探明的储量达4亿4千万吨以上。茶卡盐极易开采，人们只需揭开十几厘米的盐盖，就可以从下面捞取天然的结晶盐。茶卡盐为天然结晶盐，晶大质纯，盐味醇正，是理想的食用盐。因盐类形状十分奇特，有的像璀璨夺目的珍珠，有的像盛开的花朵，有的像水晶，有的像宝石，因此才有珍珠盐、玻璃盐、钟乳盐、珊瑚盐、水晶盐、雪花盐、蘑菇盐等许多美丽动人的名称。

茶卡盐湖是柴达木盆地四大盐湖中最小的一个，也是开发最早的一个，盐湖中景观万千，采盐风光、盐湖日出、盐花奇观等，构成了一幅绚丽的画卷。茶卡盐开采历史悠久，最早可追溯到秦汉时期。《西宁府新志》上有过这样的记载：“在县治西，五百余里，青海西南……周围有二百数十里，盐系天成，取之无尽。蒙古用铁勺捞取，贩玉市口贸易，郡民赖之。”清乾隆二十八年已定有盐律。新中国成立前，马步芳政权在这里设有盐场，每年生产近千吨原盐。新中国成立后，古老的茶卡盐湖经过不断的建设和发展，初步实现了采盐机械化，建有茶卡盐厂，已开发出加碘盐、洗涤盐、再生盐、粉干盐等10多个品种，每年生产几十万吨优质原盐，除供应青海各地外，还畅销全国20余个省区并出口日本、尼泊尔以及中东等地区，普遍受到人们欢迎。

如果你有足够的运气，在白天你可以看到湖面上形成的海市蜃楼，这些由阳光经水汽折射形成的奇观，有的像房屋，有的像牛群，让你体会到朦胧变幻的美感。

肇庆星湖

Star Lake in Zhaoqing

得天独厚地将西湖之水与阳朔之山集于一身，这便是星湖的魅力所在。星湖山水丽质天成，再以人力装饰，将山青、水秀、峰峻、洞奇种种奇景融于一体。

★名称：肇庆星湖
★位置：广东

肇庆星湖风景区包括七星岩、鼎湖山两大景区。七星岩景区由散落在广阔湖区的七岩、八洞、五湖、六岗组成，以山奇水秀、湖山相映、洞穴幽奇著称。景区内七座挺拔秀丽的石灰岩山峰布列如北斗七星，故名七星岩。五湖为东湖、青莲、中心、红莲和波海，总称星湖。石室岩早在几百年前就以风景幽奇而闻名全国，为七星岩景区名胜古迹较集中的地方。岩顶名嵩台，相传是天帝宴请百神的地方。岩下有一个特大的石室洞，洞口高仅2米，洞内穹隆宽广，顶高达30米左右，石乳、石柱、石幔遍布其间。洞内摩崖石刻林立，共有270余处，上自唐宋，下至明清，多出自名家之手，有“千年诗廊”之称。鼎湖山，因山顶有湖，起名顶湖山，相传黄帝在此铸鼎，又名鼎湖山。受大气环流下沉气流的影响，鼎湖山景区一片生机盎然，被列入“世界自然保护区网”。

七星岩分南北两列，南列有玉屏岩、石室岩等五岩，只有阿坡岩独峙北部。

■ 整个北回归带周围几乎全是沙漠或干旱草原，而纬度相当的鼎湖山景区，由于受季风影响，却是一片生机盎然的亚热带、热带森林。

日月潭

Riyuetan Lake

在美丽的宝岛台湾，日月潭和阿里山通常被当作秀丽风光的突出代表，被人们不断吟诵和赞叹。特别是日月潭，更是被誉为“宝岛明珠”“台湾八景之绝胜”，它是台湾最负盛名的风景区。

日月潭位于南投县鱼池乡水社村，是台湾唯一的天然湖，由玉山和阿里山之间的断裂盆地积水而成。日月潭四周群山环抱，层峦叠嶂，潭水碧波晶莹，优美如画。每当夕阳西下，新月东升之际，日光月影相映成趣，更是优雅宁静，富有诗情画意。日月潭中有一小岛，远望好像浮在水面上的一颗珠子，名珠子屿（光华岛），以此岛为界，北半湖形状如圆日，南半湖形状如弯月，日月潭因此得名。

日月潭四周的群山中有多处名胜古迹，有文武庙、玄光寺、涵碧楼、慈恩塔、孔雀园等。文武庙在潭北面的山腰

日月潭水汽盈盈，风光天成，无论白天还是夜晚都有一种独特的美。

日月潭码头是日月潭最大的船舶停靠地，兼具自然与人文之美。

上，依山而筑，大理石牌楼上书“文武庙”三字，左右楹上分别题“崇文”“重武”，文庙祭祀孔子，武庙祭祀关公。在文武庙楼顶，可俯瞰全潭景色。文武庙东南的公路边有孔雀园，是我国台湾地区孔雀的繁殖基地，园中孔雀经过训练，能跳舞、开屏和敬礼。日月潭南侧是青龙山，海拔950米，山麓的玄光寺，供奉唐代高僧玄奘法师全身塑像，寺中悬有“民族法师”楹额。从玄光寺后登1300级石阶，便抵玄奘寺。该寺建于1952年，寺中存放玄奘法师遗骨。玄奘寺后的山顶上建有一座高45米的慈恩塔，系中国式宝塔。涵碧楼在日月潭西北的山坡上，原为我国台湾地区政府招待所，现为一流的西式旅馆，清静雅致。门前有两株高大的椰子树，透过一楼阳台而生长，别有情趣。站在涵碧楼顶平台，凭栏赏潭，湖光、翠竹、白云、小舟尽收眼底。

日月潭附近的德化社，是高山族聚居的村落，现已建为山地文化村，山胞歌舞翩翩，尤以表现春米的“杵舞”吸引着众多游客。日月潭风景区不但风光美丽，而且气候宜人，7月平均气温高于22℃，1月略低于15℃，日月潭以其天生绝色，被称为台湾仙境，是我国台湾地区的标志。

洱海

Erhai Lake

位于风光旖旎的大理的苍山洱海，其美丽风光自古以来便闻名于世。古老的洱海，带给我们三岛、四洲、五湖、九曲等自然胜景，也留下了浓厚的人文之气。站在洱海岸边，眺望洱海月映，仿佛能听到大理人的祖先从蒙昧时代步步走向文明的足音。

洱海位于云南大理白族自治州，是一个风光明媚的高原淡水湖泊。水面海拔1900米左右，北起洱源县江尾乡，南止于大理市下关镇，形如一弯新月，南北长41.5千米，东西宽3000米～9000米，周长116千米，面积251平方千米。洱海属澜沧江水系，北有弥苴河和弥茨河注入，东南汇波罗江，西纳苍山十八溪水，水源丰富，湖水从西洱河流出，与漾江汇合注入澜沧江。

洱海畔的苍山又名点苍山，因山色苍翠而得名，山景以雪、云、溪著称。苍山由19座海拔都在3500米以上的山峰组

洱海海岸线长30千米，沿岸居民多以渔、航为生。

洱海鱼类丰富，共有35种，其中土著鱼21种，围网养殖是许多渔民的生存之道。

成。峰顶上终年积雪，银装素裹，景色壮丽。“苍山雪”是大理风花雪月四景之一。苍山顶上有着不少高山冰碛湖泊，还有18条溪水夹在19座山峰之间，缓缓东流，注入洱海。

洱海景观，四季各不相同，即便是一天中的不同时辰，也是变化万千。随着四时朝暮的变化，各种景观呈现万千气象，于是古人又为之归纳出了“洱海八景”，分别为山海大观、三岛烟云、海镜开天、岚霭普陀、沧波濞舟、四阁风涛、海水秋色、洱海月映。洱海的人文景观也丰富非常，“洱海八景”中的四阁风涛，指的便是古人为观赏洱海所特意建造的四大名阁：天镜阁（位于海东）、珠海阁（位于洱海公园团山）、浩然阁（又名丰乐亭，位于才村海边）、水月阁（位于洱海北端双廊，与珠海阁遥相对峙）。由于年深日久，四大名阁均已倒塌不全，但历代骚人墨客在这些名阁之中所作的赞颂洱海风光的诗文佳句却流传世间，向人们诉说着洱海的奇丽景观。

洱海是白族最主要的发祥地。两汉时期，生活在苍洱地区的古代大理人开创了大理古文明灿烂的历史。到了唐宋时期，在大理建立的南诏政权和大理国，将大理的各族人民统一在祖国的大家庭中，为祖国西南边疆的统一和发展做出了巨大的贡献。可以说洱海是白族的摇篮，也是大理古文明的摇篮。

漓江

Li Jiang River

漓江风光的美，不仅充分展现了“山青、水秀、洞奇、石美”的特点，而且还有着“深潭、险滩、流泉、飞瀑”的佳景。同时漓江在不同的季节，不同的气候条件下，自然有它不同的神韵。晴天的漓江，青峰倒映，特别迷人。烟雨漓江，赐给人们的却是另外一种美的享受。

★名称：漓江
★位置：广西桂林

漓江位于广西壮族自治区东北部，发源于兴安县猫儿山，流经桂林市、阳朔县，在梧州市汇入西江。上游称大溶江，从灵渠在溶江镇与漓江汇合口至平乐县恭城河口的一段，称为漓江，全长160千米。这160千米的山水，历来被人们赞誉为世界上风光最秀丽的河流，是集山水之灵气于一体的奇迹。这里两岸青山连绵不绝，奇峰林立，漓江沿岸，翠竹、茂林、田野、山庄、渔村随处可见，充满了恬静的田园气息，仿佛一幅水墨山水画上绝美的点缀，为漓江更增添几分秀色。

“江作青罗带，山如碧玉簪”，唐代大诗人韩愈曾用这样的诗句来赞美漓江的胜景。

漓江风景区是世界上规模最大、风景最美的喀斯特山水

落日还没有褪尽最后一抹残红，渔民们已经带上鱼鹰，点燃渔灯，撑起竹筏，在漓江上开始了捕鱼作业。

旅游区。“喀斯特”一词源于前南斯拉夫的一个地名。喀斯特地貌是指石灰岩受水的溶蚀作用和伴随的机械作用而形成的各种地貌，如石芽、石沟、石林、溶洞、地下河等。在水流作用下，地下水对碳酸盐岩不断产生侵蚀作用，形成陡峭的海岸、弯曲的沟壑、高高的悬谷等奇观。具有喀斯特地貌的地区，往往奇峰林立，溶洞遍布。

漓江沿岸是中国喀斯特地貌分布广、发育典型的地区之一，孤峰、峰林、峰丛、喀斯特泉、暗河、反复泉、周期性泉与涌泉等等喀斯特地貌随处可见。风景区内岩溶发育完善，地面奇石遍布，有的峰林簇拥，有的一山独秀，姿态万千。地下更是溶洞密布，多达2000余个，人称“无山不洞，无洞不奇”，犹如神仙洞府。

漓江最著名的山是画山，最美的景是黄布倒影。画山高416米，临江绝壁上有藻类等低等生物死亡后的钙化产物，因而呈现颜色不同、深浅有别的山崖色彩带，鲜艳如画，堪称天下奇观。在阳光的照射下，画山更加呈现五彩缤纷的亮丽景观，见者无不称奇。

说不尽的漓江景，道不完的漓江情。漓江之美，如诗如画，如烟如梦，那绿水、青山、翠竹、奇石，仿佛一幅典型的中国水墨画，令人见之而忘俗。“漓江神秀天下无”，我们只能说，漓江是一个大自然的奇迹，是集造物主万千宠爱于一身的奇迹。

塔里木河

Tarim River

塔里木河全长2100多千米，它由叶尔羌河、和田河、阿克苏河等汇合而成。塔里木河自西向东蜿蜒于塔里木盆地北部，上游地区多为起伏不平的沙漠地带，来自冰山的融水含沙量大，河水很不稳定，被称为“无缰的野马”。

位于新疆维吾尔自治区南部的塔里木盆地，历史上就是一个颇具神秘色彩的地方。这里有中国最大、世界第二大的沙漠，被称为死亡之海的塔克拉玛干大沙漠，却也同时拥有新疆地区的生命之源，中国最大的内陆河流——塔里木河。

塔里木河全长2179千米，流域面积达19.8万平方千米。塔里木河的主源为喀喇昆仑山的叶尔羌河，由塔里木盆地的西南缘转向东行，在阿拉尔以上48千米处的肖夹克附近，接纳了北下的阿克苏河和南上的和田河。在维吾尔语里，塔里木意为“无缰之马”。这个名字对于塔里木河来说，名副其实。它的河道含沙量大，冲淤变化频繁，河流经常改道，在

鸟瞰塔里木河，曲折的河道与散落在河道两旁的胡杨林构成了一幅气势磅礴的大地图案。

中游地区造成南北宽达数百千米左右的冲积平原，河道曲折，支流众多，芦苇水草丛生，浩浩荡荡，形成了一派“水上迷宫”景象。塔里木河两岸胡杨林浓荫蔽日，形成了天然的绿色长廊，是新疆重要的棉、粮、蚕桑和瓜果的生产基地。

塔里木河对地处中国西部干旱地区的新疆来说，是一条至关重要的河流。其宝贵的河水及其所维系的以世界上最集中的胡杨林带为主的生态环境，决定着沙漠的进退和绿洲的存亡，也决定着新疆广大地区的生存条件。古代丝路上许多城邦的兴废，都与塔里木河的变迁关系紧密。

但近年来，由于阿克苏河、叶尔羌河、和田河三条源流区大规模地开荒造田，筑坝蓄水，乱扒口子引水灌溉，致使塔里木河水量锐减，下游断流，陷入了生态恶化的境地，以胡杨林为主的“绿色走廊”告急。目前，向塔里木河下游输水、建设水利工程、流域内五地州实行用水限额、退耕还林四项治理措施已经陆续在塔里木河流域展开。随着各项整治和保护措施的到位，这条新疆各族人民的母亲河终将会再度焕发出勃勃生机。

塔里木河边的胡杨林

淡水河
Danshui River

淡水，是一个山水秀丽充满历史的小镇。它沿淡水河而建，素有“台湾威尼斯”的美称。淡水河可以说是台北市的“母亲河”，它是台北早期市街的生命“脐带”，而且是整个台北市发展的动脉。

★名称：淡水河
★位置：中国台湾

淡水河是台湾岛上第三长的河流。从我国台湾地区地形图上看，淡水河处在群山环抱的台北盆地之中。淡水河犹如一条银色飘带，将台北盆地装点得分外妖娆。

淡水河全长159千米，流域面积约2726平方千米。在历史上，它曾是我国台湾地区唯一可以通航的河道。当时的淡水河上，帆樯林立，“淡水风帆”是当时台湾北部的一处著名风景。在清朝乾隆初年，乘帆船渡海来台者，多溯淡水河而上，至道光年间，盛极一时，这里成为台湾北部与福建往来帆船汇集之地。那时帆船可以从淡水上溯至台北市以及台北县的新庄、板桥直至桃园县的大溪镇一带。19世纪中期至19

游览过白天的淡水河，不妨在黄昏时刻再次来到淡水河畔，去体验它静谧的另一种风情。

淡水河经过台北桥后再折向西北，在关渡又接纳了支流基隆河，折向西流出台北盆地，在油车口附近入海。

世纪末期，位于淡水河河口处的淡水镇，已发展成为我国台湾地区北部最繁华的港口，淡水与台北市之间的河道可通小型汽轮，小木船则可溯至大溪，因而促使大溪镇由一个山区集散地迅速发展成为商港。当地丰富的物产，如稻米、茶叶、樟脑等，从这里源源不断地运送出去。据1892年~1897年的统计，在这一段时期内，约有300多艘帆船来往于淡水沿岸各码头之间，这些帆船中的1/3都要在大溪码头停泊。由此推测，在20世纪以前，淡水河是我国台湾地区唯一的水运航道，也是台湾全省唯一被称为“河”而不叫“溪”的河流。后来，由于人们在淡水河流域大面积地毁林开荒，并在淡水河沿岸山坡开辟茶园，引起淡水河流域内土壤被侵蚀和自然生态环境变化，致使淡水河河水夹带的泥沙冲积物越来越多，堆积在下游和出海口一带，航道逐渐淤塞，淡水港再也不适宜停泊轮船，往昔的舟楫之利，再不复见，“淡水风帆”成为历史。如今，人们在淡水河上看到的，只有水上人家的点点渔帆。

淡水河两岸山清水秀。下游的台北盆地，人口稠密，物产丰富，是台湾地区北部重要的农业区。著名的农业灌溉系统桃园大圳、石门大圳等均取自大汉溪石门附近的水源，它们灌溉着中坜、桃园、新庄一带的农田；瑶公大圳的水源引自新店溪，这座大圳主要负责灌溉台北市、松山一带以及台北县中和、板桥一带的农田。

那一块块整齐的稻田，一条条灌溉引水渠道，纵横交错，展示出一幅秀丽恬静的田园画面。几百年来，淡水河滋润着两岸的土地，哺育了千百万人民，使流域内三县一市的城镇得到发展。

五彩湾

Wucaiwan

五彩湾就像一幅色彩纷呈的现代派绘画，一座高达30多米的五彩山岗端立其间，整个造型就像一个身着彩衣、面东而视的沉静美人。其旁另有一峰，稍矮，也酷似少女，与其浑然一色，相偎相依，就像在渴盼着远归的亲人。

千彩古堡五彩湾位于新疆昌吉州吉木萨尔县城北，乌鲁木齐西北35千米处，是茫茫戈壁荒漠中罕见的一片五彩缤纷的世界，素来以怪异、神秘、壮美而著称，充满了奇丽的色彩。它处在准噶尔盆地东南部广大的沙漠地带，地质历史上是个古湖盆区，由于气候冷热干湿的周期性变化和地壳运动的震荡变化，这里沉积了各种鲜艳的湖相岩层，逐渐形成了五彩湾这一天下奇观。

五彩湾由数十座五彩山丘组成，穿行于这些令人眼花缭乱的山丘之间，如入迷宫，在这里，游人迷路的事常有发生，所以五彩湾又有魔鬼城之称。

五彩湾的形成，是大自然伟力淋漓尽致的体现。由于地壳运动，在这里形成极厚的煤层，后几经沧桑，覆盖地表的沙石被风雨剥蚀，使煤层暴露。在雷电和阳光的作用下，裸露在外的煤层发生了剧烈的燃烧，待燃烧殆尽之后，再经亿万年风蚀雨剥，就形成了这光怪陆离的自然景观。由于烧结岩堆积，加之各地质时期矿物质成分含量不同，致使这一带连绵的山丘呈现出以赭红为主，夹杂着黄白黑绿等多种色彩。

五彩湾又称五彩城，是由于其状如城郭一般的壮观。五彩城方圆约3平方千米，是由深红、黄、橙、绿、青灰、灰绿、灰黑、灰白等多种色彩鲜艳的泥、页岩互层构成的低丘群。经年风雨将其分割成一座座平顶的彩色山梁，切割成

岩性软弱的泥、页岩在长期风化剥蚀和流水的洗刷作用下，留下道道沟纹。

一座座孤立的小丘，岭谷之间的比高一般在10米～30米，高者亦可逾40米，酷似麦垛、金字塔；有的虽仍连成峰丛状，但是山坡上布满了道道沟纹，酷似堡垒、殿堂、亭阁……景色绚丽多姿，令人目不暇接。

五彩湾在一日中的景色各不相同，随着阳光的变化而改变，充满诗情画意。清晨的时候，朝阳初升，山谷中雾气缭绕，那些被阳光镀亮的彩色山丘显得更加玲珑剔透，秀雅多姿。中午的时候，准噶尔盆地阳光猛烈，五彩的山岭在阳光下仿佛一团烈火在熊熊燃烧。黄昏的时候，阳光变得柔和起来，色调也成了金黄，在落日余晖的映照之下，五彩湾显出一种柔和的美丽，所有的色彩都搭配得天衣无缝。置身于五彩湾，令人感觉自己像走进了一幅画，一幅由大自然亲手调色执笔的抽象派艺术杰作。

三江并流

Three Parallel Rivers of Yunnan Protected Areas

雪山峡谷、急涧险滩、湖泊森林、草甸冰川、丹霞泉华，将大地的景色汇集在三江并流地区。近百个自然景观气象万千，各有千秋。

★名称：三江并流
★位置：云南

在“彩云之南”的云南省西北部，存在着一个令人叹为观止的自然现象：三条大江与山脉互相夹持，平行地奔流了400千米，相隔最近的地方直线距离只有66千米，这就是美丽而神奇的三江并流。

三江并流指的是位于云南省西北部的丽江地区、迪庆藏族自治州、怒江傈僳族自治州的三条大江（怒江、澜沧江、金沙江）并行而流的独特地理现象。三江同发源于青藏高原，并肩在云南西北部的崇山峻岭中奔流。三江并行流经云南省境内约170余千米，整个区域面积达4万平方千米。由于三江并流地区特殊的地质构造，欧亚大陆最集中的生物多

金沙江峡谷内，热带、亚热带生态圈和尚处原始状态的民风民俗吸引了越来越多的考察者和旅游者。

样性、丰富的人文资源、美丽神奇的自然景观使该地区成为一处独特的世界奇观。三江并流地区是世界生物多样性最丰富的地区之一，云集了南亚热带、中亚热带、北亚热带、暖温带、温带、寒温带和寒带等多种气候类型和植物群落类型，是北半球生物景观的缩影，名列17个中国生物多样性保护“关键地区”的第一位，也是世界级物种基因库和中国三大生态物种中心之一。

在高黎贡山和碧罗雪山之间，怒江以平均每年1.6倍于黄河的水量像骏马般地奔腾向南，就这样昼夜不停地撞击出一条山高、谷深、峰奇、岭秀的巨大峡谷。

三江并流的形成，几乎可以说是一部地球演化的历史教科书。发生于大约4000万年前的喜马拉雅造山运动中，印度板块与欧亚板块的碰撞造成青藏高原的隆起，构成了在150千米内相间排列的担当力卡山、独龙江、高黎贡山、怒江、澜沧江、云岭、金沙江等巨大山脉和大江形成的横断山脉的主体。三江并流就是这次远古地球陆地漂移碰撞的产物。三江并流地处横断山脉，是欧亚大陆生物南北交错、东西会合的通道。第四纪冰期曾给欧亚大陆的生物带来灭顶之灾，但三江并流地区独特的地形却为生物的存活提供了庇护，并成了这些孑遗生物的主要避难所。在三江并流地区生存着包括孑遗植物领春木、水青树、秃杉、桫椤、长苞冷杉、光叶珙桐、独叶草、红豆杉、云南榧树等在内的34种国家级保护植物，而小熊猫、针尾鼹、林跳鼠等原始孑遗动物也躲过冰期，在此处繁衍生息。这里是与大熊猫齐名的国宝滇金丝猴的故乡，还有珍稀濒危动物羚牛、雪豹、黑仰鼻猴、戴帽叶猴、孟加拉虎、藏马鸡、黑颈鹤等栖息。

丰富多彩的人文资源、美丽神奇的自然景观、参差多态的生物资源使三江并流地区成为全世界独一无二的壮丽奇观。4000万年前沧海桑田的变迁，造就了今日三江并流的宏伟与神奇。雄奇、险峻、幽深、秀丽、神秘……这片造物主精心缔造的净土，带给人梦境般的独特感受，仿佛是千万年苍茫岁月留给后人的无声诉说。

德天瀑布

Detian Waterfall

德天瀑布与那些闻名世界的瀑布比起来，规模并不大，但是在通往德天瀑布的路上，可以看到许多平时难以见到的景观：你可以看到西南地区的大电站——那岸电站，看到恩城自然保护区中独特的动植物，还有那中越边境上的边贸市场，更是浓聚了异国风情。

在中越边境广西大新县硕龙乡德天村，有一条气势雄伟的大型瀑布，横跨了中国与越南两个国家，是亚洲第一、世界第二大的跨国瀑布。它那雄浑的气势、壮美的景观，一直都吸引着游人们。这就是著名的德天瀑布。

德天瀑布距离县城78千米，距南宁市仅140多千米，是国家特级景点。它源起于广西靖西县归春河。归春河一路流经越南，而后又流回广西，这条流经两个国家的河流忽急忽缓，时分时合，迂回曲折于丛林之中，在经过德天村的时候，河流遇到断崖跌落，那巨大的落差便形成了大瀑布的奇观。

德天瀑布银瀑飞泻、洪流滚滚，蔚为壮观。瀑布的面宽达120米，那一条条水帘，从高山之上奔流而下，仿佛一匹匹银绸挂在悬崖前。仰望瀑顶，群峰恍若浮动，巨瀑仿佛海倾，令人叹为观止。瀑布声势浩大，千米之外都能听到滔滔的水声轰鸣于山间，摄人心魄。瀑布与山石撞击，水花飞溅，犹如千万颗璀璨的明珠。水汽白蒙蒙的，如雨如雾，长年累月飘忽不散。遇到天气晴好、阳光灿烂之日，但见飞溅的水珠五彩缤纷，光彩夺目，使人如入仙境。有的时候，瀑布之上还会出现彩虹，犹如横跨瀑布的彩练，为雄奇的德天瀑布增添了

瀑布四周古树参天，几十条大小不一的湍流从不同角度自山崖上飞流而下，撞在坚石上，激起漫天水雾。

几分娇媚。

德天瀑布3级通高约60米，纵深达70米，其间岩石错立，急冲下来的瀑流在曲曲折折的沟壑间夺路狂奔，最终泻入瀑下龙潭中。

德天瀑布的景致随四季变化，每一季节各有其独特的魅力。春季之时，木棉花开得如火如荼，其色调与银白的瀑流搭配起来，自有一番独特的韵味；夏季，河水猛涨，瀑布也相应变得愈加雄壮，激流以排山倒海之势由断崖飞泻而下，使人备感两袖清风，心旷神怡；秋高气爽之时，碧水清流，渲染于金黄的丰收景致之中，注满了丰收的喜悦；冬季枯水季节，流水略显涓细，不复夏季之霸气，但是悠然而下，令人感受到一种和缓轻柔之美。

瀑布周围的景观也是秀丽动人，与瀑布相互映衬，相得益彰。德天瀑布附近，峰峦叠嶂，郁郁葱葱。群山之上有层层梯田，湖光山色，绿水梯田，红棉翠竹，小桥流水，好一派青山绿水的田园风光。梯田旁边，是中越边界的石山。石山上，大树苍翠挺拔，特别是那主干笔直、绿荫盖地的大木棉树，更显雄伟壮观。

德天景区名胜众多，明仕田园风光、沙屯的多级叠瀑、黑水河、雷平石林和水上石林、恩城山水及自然保护区，都是值得一游的绝美风景区。当然，最动人的景致，无疑还是德天瀑布。无论春夏秋冬，德天瀑布的恢宏气势与壮丽景观，都会给人留下难以磨灭的印象。

黄果树瀑布

Huangguoshu Waterfall

黄果树瀑布落差达74米，宽81米，河水从断崖顶端凌空飞流而下，泻入崖下的犀牛潭中，势如翻江倒海。水石相激，发出震天巨响，腾起一片烟雾，迷蒙细雾在阳光照射下，又化作一道道彩虹，幻景绰绰，奇妙无穷。

★名称：黄果树瀑布
★位置：贵州
★盛誉：神州第一瀑

“白水如棉，不用弓弹花自散；虹霞似锦，何须梭织天生成。”这副对联传神地勾勒出了中国第一瀑布——黄果树大瀑布的雄浑气势。黄果树瀑布位于贵州北盘江支流的白水河上，是当地的石灰岩地层长期受侵蚀，导致河床断落而形成的。黄果树瀑布气势恢宏，74米的落差、81米的宽度以及100立方米/秒的流量，使它成为世界上最为壮观的瀑布之一。在大瀑布与地下水的溶蚀作用之下，黄果树瀑布周围

黄果树瀑布到枯水时节是另一番景致，瀑布分成一缕缕从岸顶垂落，如万缕银丝披挂，洋洋洒洒。

地貌奇特，形成了有山必有洞、有水必有瀑的奇特景观。

黄果树瀑布一泻千里，气势非凡，古来闻名。早在300多年前，中国著名的地理学家、旅行家徐霞客就描述其“水由溪上石，如烟雾腾空，势其雄厉，所谓珠帘钩不卷，匹练挂遥峰，具不足拟其状也”。奔腾的河水自70多米高的悬崖绝壁上飞流直泻犀牛潭，发出震天巨响，如千人击鼓，万马奔腾，声似雷鸣，远震数里之外，令人惊心动魄。有时瀑布激起的“雪沫烟雾”，高达数百米，漫天浮游，竟使其周围经常处于纷飞的细雨之中。

黄果树瀑布下的犀牛潭因传说中有神犀潜藏水底而得名。晴天的上午10时或者下午4时左右，由于阳光的折射，可以透过瀑布冲击时溅起的水雾，看到深潭中升起的七色彩虹。

黄果树瀑布素以“雄伟、壮观”而名扬四海，而其最神奇之处在于隐藏于大瀑布半腰上的水帘洞。水帘洞位于大瀑布40米～47米的高度上，走近大瀑布本身就足以使人惊心动魄了，进入大瀑布中穿行，更加令人心悸不已。但到了黄果树瀑布，而不进水帘洞，就不会真正领略到黄果树瀑布的雄奇和壮观。

黄果树瀑布附近奇峰林立，溶洞密布，河流纵横，还分布着18个大小不同、姿态各异的瀑布群，即“九级十八瀑”。著名的有陡坡塘瀑布、螺丝滩瀑布、银练坠潭瀑布、星峡飞瀑、滴水滩瀑布等，千姿百态，变幻无穷。

关于黄果树瀑布的形成，还有个动人的传说。传说白水河是一对私逃的苗族情人用白练变成的，为了阻止追兵，他们又在黄果树下用剪刀剪断河水，于是出现了一泻千里的黄果树大瀑布和周围的小瀑布群。

壶口瀑布

Hukou Waterfall

黄河之水天上来，奔流到海不复回！唐代著名诗人李白脍炙人口的佳句，勾画出了大河奔流的壮观景象。滔滔河水从千米河床排山倒海似的涌来，骤然归于二三十米的“龙槽”，形成了极为壮观的壶口瀑布。

黄河是世界上含沙量最大的一条河流，平均含沙量约37.6千克/立方米，年平均输沙量16亿吨。

壶口瀑布位于山西省吉县西南，地处九曲黄河中游，与陕西省宜川县相邻。瀑布两岸石壁峭立，河口收束狭如壶口，故名。明代诗人陈维藩在其《壶口秋风》中有云：“秋风卷起千层浪，晚日迎来万丈红”，便是壶口瀑布的真实写照。

黄河流至壶口，巨流从宽300余米的两山之间奔泻而下，在吉县与陕西宜川交界的龙王一带，河槽猛缩为30余米，聚拢的河水泻入深潭，落差达20米，有如茶壶注水。

壶口瀑布位于山西吉县县城西南25千米的黄河之中，滚滚黄河水奔流至此，波浪翻滚，如奔马直入河沟，震声数里可闻。

由于地壳运动，岩石在此断裂陷落，河水从高处横面泻下，浪涛滚滚，水花飞溅，声如雷鸣。一团团水雾烟云，慢慢上升，由黄变灰，由灰变蓝，在阳光的照射下，似圈圈彩虹。

更为神奇的是，黄河流入壶口以后，在流经一个长1000米、深30米的龙壕后，似乎隐身匿迹了。这个龙壕其实是一个弯弯曲曲的石峡，像一条摇头摆尾的巨龙，壶口是龙头，一口吞噬巨流，孟门是龙尾，腹泻黄河水向下游。

在壶口瀑布正中、黄水跌宕的地方，有一块油光闪亮的石头，在急流中上下浮动，这就是“龟石”。这块石头能随水位的涨落而起伏，不论水大水小，总是露着那么一点点。远远望去，两侧的黄水滚滚扑来，掀起重重浪花，犹如二龙戏珠。

过去，来往的船只每逢行至壶口，都是人在岸畔拉纤绕行，飞鸟也因瀑布呼啸四震、云烟迷漫，受到惊吓，不敢飞过。因此，当地从古至今就传承着一种奇特的航运习俗——“旱地行船”，而且，一直流传着“飞鸟难渡关”的奇谈。

壶口瀑布风景区除了瀑布奇观外，还有清代长城、圪针滩古渡、盈门山石刻、大禹治水三过家门而不入的“衣锦村”和“姑夫庙”、鲤鱼跳龙门等人文景观。

天涯海角
Tianya Haijiao

天涯海角位于海南岛的最南端，是一处令人神往的游览胜地。这里南临碧蓝的大海，远眺浩渺南海，波涛起伏，海阔天空，征帆片片，白鸥点点。海滨险石耸立，著名的“天涯”“海角”和“南天一柱”等刻石，就在群崖之中，非常壮观。

★名称：天涯海角
★位置：海南

碧海蓝天，烟波浩渺，椰林婆娑，帆影点点。大自然是如此慷慨，把这一切美好的事物都赐予了人间仙境：三亚。

三亚位于海南岛的最南端，是海南的第二大城市，那里聚居着汉、黎、苗、回等10多个民族，少数民族人口占44.2%。三亚的历史，源远流长，迄今境内仍保有中国最南端的旧石器时代人类文化遗迹。秦时始皇帝设南方三郡，三亚便是其中之一，当时被称为“象郡”，后称“崖洲”，便是古代著名的天涯海角。

三亚自古本为蛮荒之地，“飞鸟尚需半年程”的琼岛，人烟稀少，荒芜凄凉，向来便是历代君王贬谪罪臣的去处。

海浪、沙滩、阳光、椰林，行走在天涯海角，看日沉沧海，看渔船归帆，昔日的蛮荒之地，如今已成为人人向往的地方。

天涯海角风景区内奇石林立，一对高10多米，长60多米的青灰色巨石上分别刻有“天涯”和“海角”字样，意为天之边缘，海之尽头，“天涯海角”即由此得名，巨石也成了天涯海角的标志。

被贬至此处的官吏与文人，但见沧海茫茫，无边无际，进固然不能，退却也无路，难免悲从中来，望洋兴叹。天涯海角之称，便由此而来。古往今来，无数的骚人墨客在此处留下了他们的踪迹，倾吐着他们的颠沛流离与悲惨命运。唐朝宰相李德裕感慨此处“一去一万里，千之千不还”；宋朝名臣胡铨哀叹“区区万里天涯路，野草荒烟正断魂”。大文豪苏轼也曾被贬戍此地，至今仍有“怀苏亭”古迹留在天涯海角作为历史的见证。

如今的“天涯海角”，已成为三亚一个著名的景点，位于三亚市西约26千米处。景区内那些刻有“天涯”“海角”“南天一柱”等字样的巨石，已成为南海著名的人文景观。据记载，“天涯”题刻，是清代雍正年间崖州知府程哲所书。“南天一柱”据说是清代宣统年间崖州知府范云梯所书。“南天一柱”的来历还有传说。相传很久以前，陵水黎安海域恶浪滔天，人民生活困苦。王母娘娘手下两位仙女知道后偷偷下凡，立身于南海中，为渔民指航打鱼。王母娘娘恼怒，派雷公雷母抓她们回去，二人不肯，化为双峰石，被劈为两截，一截掉到黎安附近的海中，一截飞到天涯之旁，成为今天的“南天一柱”。

西沙群岛
Xisha Islands

西沙的海水晶莹剔透，潜入水中，仿佛进入了一个平生难得见到的神秘空间。一丛丛、一簇簇的珊瑚像盛开的鲜花覆盖着整个海底。在小岛上观看日落，更能撩起游人的情趣：红彤彤的晚霞铺满半边天，海水鲜红闪亮，令人不禁浮想联翩、流连忘返……

★名称：西沙群岛
★位置：中国海南岛东南海域

富饶的西沙群岛位于海南岛东南300多千米处，是中国南海诸岛四大群岛之一，由永乐群岛和宣德群岛组成。这片大大小小的珊瑚岛屿群自东北向西南伸展，漂浮在50多万平方千米的海域上，美丽而纯净。

西沙群岛自古就是中国的领土，古代被称为“千里长沙”，是南海航线的必经之路。早在隋代之时，就已经有使节经南海到过今天的马来西亚，唐代高僧义净亦经此到达印度。古代那些满载着陶瓷、丝绸、香料的商船也都取道此处，因而这里又被称为“海上丝绸之路”。

永兴岛位于西沙群岛中央，是南海诸岛中最大的岛屿，东西长约1950米，南北宽约1350米，面积1.85平方千米，是西沙群岛、中沙群岛和南沙群岛人民政府的所在地。永兴岛得名于1946年11月29日接收西沙群岛的军队的军舰名字。永兴岛又名“林岛”，因岛上林木深密而得名。

全岛由白色珊瑚贝壳沙堆积在礁平台上而形成，地势平坦，平均高约5米。这里终年皆夏，岛上是典型的热带风光，椰树成行，风光旖旎，盛产椰子、木瓜、香蕉等水果。每月补给船到达永兴岛的时候，全岛居民都会放假2天，去码头卸鸡、鸭、猪、土豆、黄瓜等物资。

石岛通过海堤路与西沙主岛永兴岛相连，在石岛岩石土质中，可见许多孔隙和贝类的残留痕迹。

■ 西沙群岛渔场是中国水产最丰富的渔场之一，共有珊瑚鱼类和海洋鱼类400多种，是捕捞金枪鱼、石斑鱼的大好场所。每当夕阳西下之时，海雾弥漫于天空，便是一幅绝美的海岛落日图。

澎湖列岛

Penghu Islands

澎湖列岛不仅有温暖的阳光、柔软的沙滩、翠绿的仙人掌，还有鬼斧神工的玄武岩，海岛风情成了澎湖最大的特色，所以澎湖列岛一向有“台湾夏威夷”的美誉。

★名称：澎湖列岛
★位置：台湾海峡以南
★面积：127平方千米

澎湖列岛位于台湾海峡的南部，由64个岛屿组成，面积约127平方千米，域内岛屿罗列，港湾交错，地势险要，是中国东海和南海的天然分界线。澎湖列岛中的岛屿，按其位置可分南、北两个岛群：南岛群在八罩水道以南，有望安岛（八罩岛）、七美屿、花屿、猫屿、东吉屿等，几乎所有岛都为火山岛，岛上的岩石均为第四纪玄武岩；北岛群分布在八罩水道以北，包括面积最大的澎湖岛和渔翁岛（西屿）、白沙岛、吉贝屿、鸟屿、姑婆屿等岛屿。

澎湖列岛除最西的花屿主要由玢岩及花岗斑岩构成外，其余皆为玄武岩台地经侵蚀破坏分割所成。

澎湖列岛的年降水量在1000毫米以上，多集中在夏季。由于岛上地形较为平坦，没有山川河谷，年蒸发量高达1800毫米，因此岛上严重缺水。每年10月至翌年3月吹拂的东北风，是澎湖列岛的另一自然地理特征。东北风时速最高可达每秒三四十米，相当于中等强度的台风，因此，冬天的澎湖列岛就像一只“风柜”，这种强劲的风挟带着海水泡沫，带着咸味，被当地人称为“火烧风”，其威力不亚于台风，火烧风过处，树木植物无不焦枯。许多商店此时均闭门停止营业。妇女们则以布蒙面，避免风沙吹打。当然，这种澎湖列岛特有的景观，也吸引了不少游人特地前来观赏体验一番。因

此，澎湖早年就有“风岛”之名了。澎湖列岛的自然景观是十分优美的，著名的有“风柜涛声”“鲸鱼洞”“望安玄武岩”“虎井沈城”“将军屿帆船石”“桶盘屿石柱”等。

渔业观光历来是台湾旅游的观赏重点，而澎湖渔港占台湾全省的1/3，居民60%以上以捕鱼为生。环岛海滨帆樯林立，入夜时分，万点渔火，在海面闪烁，宛若星汉落地，蔚为大观。“澎湖渔火”乃被列入台湾八景之一。

因为火山喷发、岩浆奔流而形成的玄武岩地貌是澎湖列岛最显著的特征。

鼓浪屿

Thundering Waves Island

鼓浪屿上龙头山、升旗山和鸡母山并列，冈峦起伏，碧波、白云、绿树交相辉映，处处给人以整洁幽静的感觉。小岛完好地保留着许多具有中外各种建筑风格的建筑物，屿上人口约2万，居民喜爱音乐，钢琴拥有密度居全国前茅，被赞为“琴岛”。

★名称：鼓浪屿
★位置：福建
★面积：1.91平方千米

明末，民族英雄郑成功曾屯兵于鼓浪屿，日光岩上尚存水操台、石寨门故址。1842年，鸦片战争后，英、美、法、日、德、西、葡、荷等13个国家曾在岛上设立领事馆，鼓浪屿变成了“公共租界”。一些华侨富商也相继来此兴建住宅、别墅，办电话、自来水事业。1942年12月，日本独占鼓浪屿；抗日战争胜利后，鼓浪屿才结束了100多年殖民统治的历史。

鼓浪屿街道短小，纵横交错，清洁幽静，空气新鲜，岛上树木苍翠，繁花似锦，特别是小楼红瓦与绿树相映，显得格外漂亮。鼓浪屿楼房鳞次栉比，掩映在热带、亚热带林木里，日光岩奇峰突起，群鸥腾飞……组成一幅美丽的画卷。

鼓浪屿是“建筑博览馆”，许多建筑有浓烈的欧陆风格，古希腊的三大柱式陶立克、爱奥尼克、科林斯各展其姿，罗马式的圆柱，哥特式的尖顶，伊斯兰圆顶，巴洛克式的浮雕，争相斗妍，异彩纷呈，充满古典主义和浪漫主义的色彩。

日光岩又称龙头山，耸峙于鼓浪屿中南部，与厦门的虎头山隔鹭江相望，史称“龙虎守江”。日光岩海拔92.7米，是鼓浪屿的最高峰。山间磴道盘旋，迂

鼓浪屿是“音乐家的摇篮”“钢琴之岛”，小小鼓浪屿有钢琴600台，其密度居全国之冠。

回曲折，随处有诗联题刻，以明万历元年（1573）丁一中所题“鼓浪洞天”为最早，距今已经有400多年的历史了。

日光岩顶就是天风台，是鼓浪屿的最佳观景点。放眼四顾，厦门市区、鼓浪屿全岛、环鼓浪屿的大海，厦门大学、海沧大桥，九龙江入海口、南太武屿仔尾漳州港，或远或近，尽入眼底。游厦门不登日光岩，不算到厦门！

日光岩上的摩崖石刻有80多处，有张瑞图、何绍基、郑成功、丁一中、许世英、蔡元培、蔡廷锴、蒋鼎文等人的诗文题刻，其中以“鼓浪洞天”“鹭江第一”“天风海涛”等尤为著名，是日光岩上的一大文化景观。

鼓浪屿虽有闹市街区，却无车马之喧，整个小岛宁静安逸，故有“海上花园”之称。

亚龙湾

Yalong Bay

亚龙湾山清、水碧、沙白、石怪、洞幽，集现代旅游五大要素——海洋、沙滩、空气、阳光和绿色于一体。加之海湾水温常保持23℃以上，是理想的冬泳、避寒、度假胜地，被人们称誉为“东方夏威夷”。

★名称：亚龙湾
★位置：海南
★盛誉：天下第一湾

亚龙湾位于三亚市东南面25千米处，面积141平方千米，其中陆地面积78平方千米，海域面积63平方千米。亚龙湾三面青山相拥，南面呈月牙形向大海延伸。海水能见度达20米以上，海湾近10千米长，沙滩好似一条环绕海湾的白色玉

亚龙湾海水的透明度、酸碱度、溶解氧等标准都是国内一流的，这是亚龙湾游客不绝的原因所在。

带，湾内风平浪静，海水湛蓝，被誉为“天下第一湾”。

1992年10月4日经国务院批准，在此建立中国唯一具有热带风情的国家级旅游度假区——亚龙湾国家旅游度假区。亚龙湾气候宜人，冬可避寒、夏可消暑，自然风光优美，青山连绵起伏，海湾波平浪静，湛蓝的海水清澈如镜，柔软的沙滩洁白如银。“三亚归来不看海，除却亚龙不是湾”，这是游人对亚龙湾由衷的赞誉。亚龙湾属典型的热带海洋性气候，全年平均气温25.5℃。海底珊瑚礁保存十分完好，生活着众多形态各异、色彩缤纷的热带鱼种，属国家级珊瑚礁重点保护区。海湾面积66平方千米，可同时容纳10万人嬉水畅游、数千只游艇游弋追逐，可以说这里不仅是滨海浴场，而且也是难得的潜水胜地。锦母角、亚龙角，激浪拍崖、怪石嶙峋，是攀崖探险活动的良好场所。此外尚有奇石、怪滩、田园风光等各具特色的风景。

亚龙湾中心广场是度假区的标志性建筑，它位于度假区中心，占地7万平方米。广场中心的图腾柱高26.8米，围绕图腾柱是三圈反映中国古代神话传说和文化的雕塑群。广场上，4个白色风帆式的尖顶帐篷，给具有古老文化意蕴的广场增添了现代气息。度假区内还有贝壳馆、蝴蝶谷等供游客参观。

东寨港

Dongzhai Habor

东寨港是中国最大的红树林保护区海岸，每当涨潮之时，茂密的红树林被汹涌的潮水淹没，只露出树冠的那一抹翠绿随波荡漾，成为人们向往的“海底森林”。

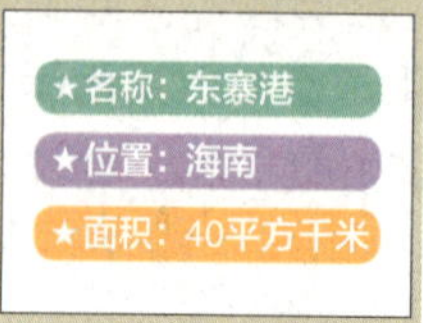

海南省琼山东寨港红树林是奇特的植物景观，是生长在海南热带海边滩涂的一种特有的植物群落。在海南沿海的泥湾中，生长着许多红树林，涨潮时，除了高大树木的树冠露出水面外，大部分被海水所淹没，因此，这些红树林被人们称为“海底森林”。

红树林是热带、亚热带滨海泥滩上特有的常绿灌木或小乔木植物群落，因为大部分树种属于红树科，所以生态学上通称红树林。全世界红树有24科82种，其中16种是胎生植物，它们是植物世界中仅有的以胎生方式繁衍生息的植物。红树的种子成熟后在母树上发芽，长成小苗后，才脱离母体。由于茎和根较重，幼树便垂直下落，插入泥中，只要两三个小时，就可以生根成长。如果落在海水里，它可以随波

红树的根有的是从树枝上垂吊下来的，有的则生长出许多支柱根，盘根错节，直插在泥滩之中，支撑着浓绿的树冠。

东寨港红树林保护区还是花卉和候鸟的乐园。

逐流，4个月不死，遇到有淤泥的地方还会扎根成长。

胎生是高级动物所特有的生理现象，红树林为了适应环境，也表现出类似的生理特征，是因为它生长在海滩，经常受到海潮的冲刷和台风的袭击，种子难以得到一个稳定的萌发环境，于是它的繁殖方式就发生了相应的变化：种子在离开母树之前，就已经发芽长根，如同胎儿在母腹中一样，一旦“瓜熟蒂落”，便借助自己的重力作用，插入淤泥之中，只要几个小时即可扎根固住，下次潮水来时就冲不走了。这种酷似胎生的繁殖方式，在植物王国中是独一无二的。一年四季，红树林时刻都在繁育着新的生命，永不凋谢，生生不息。

红树还有一个特点：根系十分发达，纵横交错，具有特殊的呼吸根和吸收过多盐分的特殊腺，它的根、叶可以滤去使植物死亡的咸水，所以即使长年累月浸泡在海水里，也能吸收足够的氧气和二氧化碳，顽强生长，因而，它是唯一能生长于热带地区沿海滩泥和海水中的绿色灌木。红树的脱盐特性，使它有“植物海水淡化器”之称。

红树是一种宝贵的自然资源，世界上有红树林的国家都把红树区列为生态保护区。东寨港红树林保护区内分布着红树10科18种，占国内红树种类的60%以上，主要有红海榄、木榄、尖瓣海莲、角果木、秋茄、白榄、海漆、海骨根、桐花树、老鼠勒、水柳、王蕊、海杧果等。

红树林不仅有很高的科研价值和观赏价值，而且还有很重要的实用价值。红树由于根系发达，根扎得深，12级台风袭来也吹不垮，因此是防风挡浪的理想森林，被誉为“海岸卫士”“绿色长城”。

野柳 Yeliu

野柳更像一处天然的雕塑公园，所不同的是，作者不是罗丹那样的雕塑大师，而是海浪这种自然的力量。野柳那些豆腐岩、蜂窝岩、海龟石的独特地形使人忍不住前来一探究竟。

野柳风景区位于我国台湾地区北部基隆市西北方约15千米处的基金公路，位于北海岸金山与万里之间，是一个突出海面的狭长海岬，远望如一只海龟蹒跚离岸，昂首拱背而游，因此，有人称之为野柳龟。受造山运动的影响，深埋海底的沉积岩上升至海面，产生了附近海岸的单面山、海蚀崖、海蚀洞等地形，海蚀、风蚀等在不同硬度的岩层上产生作用，形成蜂窝岩、豆腐岩、蕈状岩、姜状岩，风化窗等世界级的岩层景观，造就了千奇百怪的瑰丽景象。

进入野柳风景区，沿着步道而行，一路可尽览奇特的地质景观，如女王头蕈岩、仙女鞋、象石、玛玲鸟石等，造型各异其趣，行至岬角尖端，即为白色的野柳灯塔，在此展望海天一色，最是心旷神怡。除了奇特的地质和石头以外，野柳亦是众多候鸟休憩的驿站，是赏鸟人士眼中的宝地。

野柳标志性的蕈状岩——女王头

野柳长约1700米，宽仅250米，有丰富的海蚀地形，在2000多万年前，台湾仍在海里，由福建一带冲刷下来的泥沙，一层层地堆积出砂岩层，600万年前的造山运动把岩层推挤出海面，形成台湾岛，野柳是其中的一部分。造山运动挤压时，在野柳的两侧推出两道断层，断层带破碎易受侵蚀，所以两侧凹下成湾，中间突出形

由于海浪的侵蚀、岩石风化及海陆相对运动等地质作用的影响而产生了野柳这一举世罕见的海岸地貌景象。

成海岬。接下来，海浪、雨水和风的侵蚀及地壳不断地抬升，造成野柳的奇岩怪石。

位于风景区入口右侧的野柳海洋世界，是台湾唯一的海豚、海狮表演馆，可容纳3500位观众，表演重点在海豚的20余项动作上，小朋友还有机会与海豚和海狮交流互动，表演中会穿插引自国外的高空花式跳水及高空弹跳等。野柳海洋世界是台湾第一座海洋动物表演馆，各种有趣的动物表演，令人捧腹大笑。

表演馆为半圆形看台，并设有遮雨篷。外墙由象征大海的深浅蓝色粉刷而成，体现出野柳海洋世界的亲水特色，外观的湛蓝色彩正好和海天呈一色，与大自然景观融为一体。园区另一主题为长约400米的海底隧道，聚集了世界各地的稀有名贵海洋水族，走入隧道中，上千尾各式各样的鱼儿在身边穿梭，十分有趣。

海洋世界右边有一处称为“天外天”的小平台，沿渔村小道步行10分钟，顺石阶拾级而上，可登上岩石构成的山顶平台，举目四望，优美的野柳胜景尽收眼底。

野柳一带的潜礁地形，孕育了丰富而多样的海洋资源，位于海洋世界旁的海王星乐园顺势推出了玻璃底游艇，不用潜水即可欣赏美不胜收的海底世界，另外还有飞鱼特快艇，让游客驰骋海上，从不同角度欣赏野柳海岸之美。

大兴安岭

Daxing'anling Mountain

祁连山草原 Qilianshan Plain

神农架 Shennongjia

西双版纳 Xishuangbanna

四姑娘山

Mount Siguniang

梵净山 Mount Fanjing

呼伦贝尔草原

Hulun Buir Plain

扎龙自然保护区

Zhalong Nature Reserve

卧龙自然保护区 Wolong Nature Reserve

坝上草原 Bashang Plain

香格里拉 Shangrila

武陵源 Wulingyuan

九寨沟 Jiuzhai Gou

稻城 Dao Cheng

黄龙 Mount Huanglong

……

the Earthly Paradise

生命乐土

大兴安岭

Daxing'anling Mountain

大兴安岭在中国的历史文化中具有特殊的重要性，它是北方众多游猎民族的发祥地。眺望大兴安岭的茫茫林海，你不但会折服于它的美丽，也会禁不住感叹人类文明顽强的生命力。

★名称：大兴安岭
★位置：内蒙古/黑龙江

大兴安岭是中国东北地区的重要山脉，为黑龙江南源额尔古纳河及其主要支流嫩江的发源地。大兴安岭北起黑龙江畔，南止于西拉木伦河上游谷地，长约1400千米，宽15千米～300千米，海拔600米～1000米。山地呈不对称状，西北高东南低，东坡陡西坡缓，地表切割较轻，山势浑圆，保留了由古夷平面形成的明显平顶山，并有宽谷。这里永久冻土分布广泛，并有融冻泥流、冻裂作用等明显的冰缘现象。地面组成物质以花岗岩、石英粗面岩、安山岩为主。大兴安岭降水量多，蒸发弱，湿度大，分布着以兴安落叶松为主的针叶林。北段是中国唯一的寒温带针叶林区，兴安落叶松与兴安白桦、山杨、黑桦、丛桦混生。丰富的林业资源

在大兴安岭的莽莽草原上，马车是人们驮运木材等各种小型货物的运输工具。

红对联，红福字，红鞭炮，与中国其他地方一样，热闹红火的春节也是大兴安岭林区孩子们最快乐的节日。

使大兴安岭成为中国最为重要的林业基地之一，并有“绿色宝库”之称。大兴安岭的动物资源也很丰富，有西伯利亚寒带类型的狼獾、驼鹿等。

大兴安岭属于北纬高寒地区，冬季漫长寒冷，夏季炎热，昼夜温差较大，形成了别具风格的地理环境，一年四季都有不同的景观。大兴安岭的冬季白雪皑皑，银装素裹，山舞银蛇，原驰蜡象，是一片晶莹的冰雪世界。冬季，河流的浅水区虽然气温在-40℃以下，却从不封冻，始终在潺潺地流动着，散发出的浓浓的蒸汽弥漫于山谷之间。秋天的时候，大兴安岭的各种树木都在变换颜色，呈现出绿、红、黄、橙、紫等多种色彩，仿佛给美丽的大兴安岭披上了节日的彩装。这一季节的大兴安岭，又被称为“五花山”。

大兴安岭地区，居住着鄂温克和鄂伦春两个少数民族。鄂温克族主要聚居在内蒙古自治区呼伦贝尔市的鄂温克族自治旗，“鄂温克”是民族自称，意为“住在大山林中的人们”。他们主要生活在大兴安岭支脉的丘陵山区，由于居住地区的地理条件不同，生活方式分为畜牧、农耕、狩猎等等。鄂温克人善于用森林中的桦皮和蘑菇为原料，刻剪成各种飞禽走兽，还善于在器皿上刻绘美丽的花卉图案。鄂伦春族主要分布在内蒙古自治区东北部的鄂伦春自治旗等地，“鄂伦春”是民族自称，其含义有两种解释，一是“住在山岭上的人们”，二是“使用驯鹿的人们”。历史上的鄂伦春人世代在大小兴安岭的茫茫林海中狩猎。新中国成立后，他们开始了半农半猎的生活。20世纪90年代，兴安岭全面禁猎以后，狩猎生活方告终止。鄂伦春族是一个能歌善舞的民族，民歌都是自编自唱的，节奏明快、曲调悠扬。

在过去的几十年间，过度地毁林开垦，使大兴安岭的南麓森林边缘退缩了至少200千米。

大兴安岭南麓柴河林区的卧牛湖四面环山，湖水浩渺，波光荡漾。金秋时节，大兴安岭层林尽染，湖周围红叶环绕，如一处彩色的世外桃源。

过去，鄂伦春族仍是狩猎民族时，主要穿兽皮制成的衣服，该族妇女对兽皮加工有特殊的技能。

大兴安岭的西部连接着广阔的呼伦贝尔草原。呼伦贝尔草原位于内蒙古自治区东北部的呼伦贝尔市，北邻俄罗斯，西和南与蒙古接壤，东连大兴安岭，形状酷似鸡冠。呼伦贝尔得名于呼伦和贝尔两大湖泊，呼伦的蒙语大意为“水獭”，贝尔的蒙语大意为“雄水獭”，因为过去这两个湖盛产水獭，故有此名。呼伦贝尔草原是世界最著名的三大草原之一，这里地域辽阔，风光旖旎，水草丰美，纵横交错的河流与星罗棋布的湖泊，组成了一幅绚丽的画卷，一直延伸至松涛激荡的大兴安岭。

在大兴安岭的北麓，有一个地理位置极其特殊的县——漠河县。它位于黑龙江省黑龙江上游南岸，地处中国极北部边陲，面积约1.85万平方千米。这里在明朝时属木河卫，1981年5月设置漠河县。由于地处中国最北端高纬度地区，漠河拥有许多独特的北极自然风光，如白夜、极光等。夏至，是漠河县的北极光节。这一天，会有成千上万的海内外游客欢聚北极村，点燃篝火，观赏神奇的北极光，度过难得的白夜。

大兴安岭在中国的历史文化中具有特殊的重要性，据考证，它是北方游猎民族的发祥地。眺望大兴安岭的茫茫林海，你不但会折服于它的惊人美丽，也会禁不住感叹人类文明顽强的生命力。

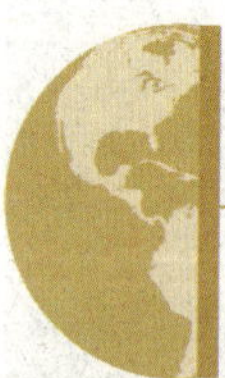

祁连山草原

Qilianshan Plain

雄伟的祁连山是甘肃和青海两省的界山。著名的大马营草原是祁连山草原的代表之一，地势平坦、水草丰美，蜚声中外的远东第一大牧场——山丹军马场就建在这里。

★名称：祁连山草原
★位置：甘肃/青海

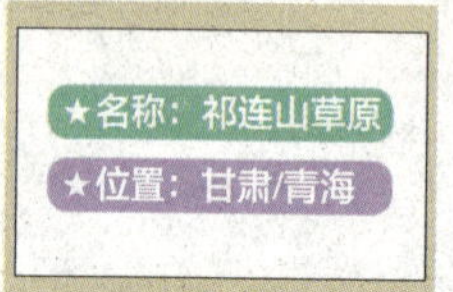

在太阳的照射下，祁连山上的冰川溶水沿石羊河、黑河、疏勒河等水系进入河西走廊平原。

世上没有一个地方像祁连山。5.7亿年前，地球上波澜壮阔。不知持续了多长时间后，海水渐渐退后，陆地隆起。渐渐地，在中国西北的大地上，苍茫的祁连山草原形成了。

祁连山草原的历史，看起来是那么粗犷，甚至残酷，但祁连山的本质绝对是温情浪漫的。祁连山一名就是古代匈奴语，意思是“天之山”。迄今为止，游牧在这里的匈奴人的直系后裔——尧熬尔人（裕固人的自称）仍然叫祁连山“腾

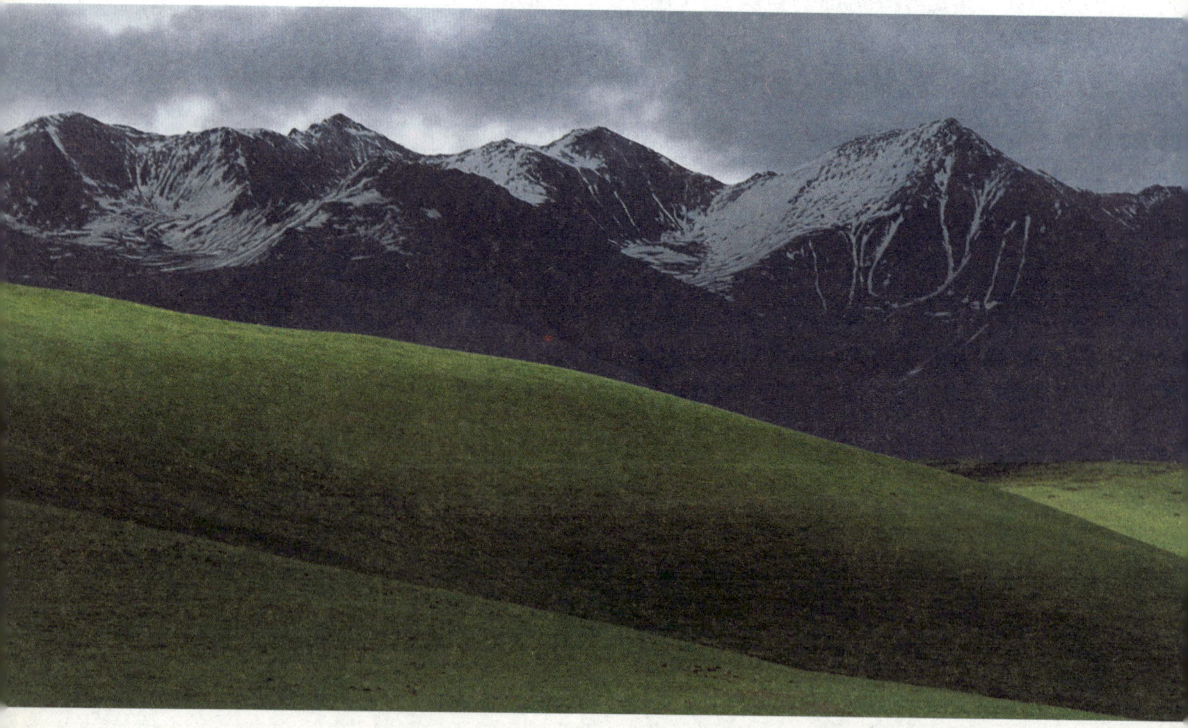

格里大阪”，意思也是“天之山”。

祁连山下有一片水草最为丰美的草原，那就是夏日塔拉（黄城滩、皇城滩、大草滩）。这里曾是匈奴王的牧地，回鹘人的牧地，元代蒙古王阔端汗的牧地。夏日塔拉草原，气候温和，四季分明。

大马营草原地处祁连山冷龙岭北麓，距甘州城120千米，有省道直通。这里地势平坦广阔，土肥草茂畜旺，自西汉元狩二年（前121）起即为养马屯兵之要地。今世界第二、亚洲第一马场——山丹军马场即设在此处。每年7月～8月，在大马营草原游览富有诗意的草原风光最为舒心。与草原相接的祁连山被终年不化的冰雪覆盖着，银装素裹，白雪皑皑，而草原上的万顷油菜花，金灿灿的，令人神往，微风吹来，花涛汹涌，宛如钱塘江潮水，一浪推过一浪，滚滚向前，又如万马奔腾，势不可当，加上蓝天白云下的一群群马牛羊点缀其中，给人回归自然、返璞归真、如入仙境的感觉。西大河水库被群山环抱，皑皑雪山倒映水中，恰如一块明镜镶嵌在翠绿的草原上，若荡舟水上，更会心旷神怡。

祁连山草原曾经是中国历史上许多游牧民族的牧场，从匈奴到回鹘，祁连山草原一直是北方水草最丰美的草原之一。

神农架
Shennongjia

举世闻名的神农架，是中国东部最大的原始森林和国家级自然保护区，也是一个充满神秘色彩的区域。相传神农氏（炎帝）曾在这里尝遍百草，为民除病，由于山高路险，他不得不搭架攀山采药，人们因此称这里为神农架。

★名称：神农架
★位置：湖北/陕西/四川

神农架位于湖北省西部，处于大巴山东部，为湖北省西部长江和汉江的分水岭。区内群峰林立，脊岭高耸，屈岭盘结。距今250万年前的第四纪，中国中部陆地处于冰川活跃期，而神农架鲜受波及，成了当时动植物的避难所，使众多生物得以生存繁衍至今，故有“中国冰川时期诺亚

神农架山地陡耸，植被垂直分布，呈现“山脚盛夏山岭春，山麓艳秋山顶冰；赤橙黄绿四时备，春夏秋冬最难分”的奇妙景象。

方舟”之称。

神农架地处中国东西、南北植被过渡地带，植物种类复杂，现存有1000余种树种，其中包括距今1000万年～8000万年以前第三纪的珍贵孑遗树种，还有众多的珍稀动物，被誉为“华中林海”和“天然动植物园”。在神农架西南部大小神农顶建立了以金丝猴、毛冠鹿、珙桐、双盾木为主要保护对象的自然保护区。

神农架生长着一种稀有树种，名叫珙桐，属珙桐科落叶乔木，是第三纪古热带植物的孑遗树种，为中国特有单属科、单种属珍稀植物，分布于陕西东南部、湖北西部和西南部、湖南西北部等地。在神农架林区生长于中南部海拔约1600米的沟谷阔叶林中，种群数量不多。珙桐同时也是举世闻名的观赏树种，从第三纪遗留至今，是名副其实的活化石。

珙桐的花朵十分奇特，花序有两片白色大苞片，形如飞鸽，故有“中国鸽子树”之称。

西双版纳

Xishuangbanna

美丽的西双版纳给人的印象犹如一幅幅优美的画卷：茂密的原始森林中，野象悠然漫步，孔雀和白鹇鸟在林中飞翔；修饰得美轮美奂的田园上，凤尾竹姿影婆娑、槟榔树亭亭玉立……

美丽富饶的西双版纳傣族自治州像一颗绿色明珠，镶嵌在云南省南端。西双版纳热带雨林是中国面积最大的一片热带雨林，奇妙的热带雨林风光造就了纯朴奇特的民族风情，在这片以绿孔雀、芭蕉与象脚鼓著称的雨林里，北国的寒冷与戈壁的干燥不过是遥远的童话。

西双版纳的东南部与老挝接壤，西南部与缅甸交界，是世界北回归线上少有的，也是中国唯一一片保存完好的原始热带森林区域。茂密的橡胶林、香蕉林具有相当独特的亚热带风光，在中国其他地区难得一见，而且动植物资源非常丰富，素有“植物王国”“动物王国”“药材王国”三美称。

西双版纳景洪市橄榄坝的塔包树，塔、树融为一体，美妙和谐。

西双版纳北面有云贵高原作屏障，挡住了寒流，南面受印度洋西南季风的影响，气候湿润，因此冬春无寒潮大风，夏季无台风暴雨。这种得天独厚的自然环境，使这里蕴藏着丰富的森林资源和繁多的植物种类。而西双版纳封闭的地形，一方面保留了许多古老的动物种和在新环境下产生的新物种；另一方面青藏高原的动物南下到达西双版纳，使之成为许多珍稀动物种的起源与发展中心，这便是西双版纳被称为“动物王国”的缘由。

景洪原始森林内的凤凰树，其露出地面的条条根须像凤凰的尾巴摆动出美丽的弧度。

景洪原始森林公园位于景洪市以东、澜沧江以北，距州府所在地8000米处，是全州离景洪城最近的一片原始森林。在这片原始森林里，有一条水质明净的莱阳河，河谷两岸生长着莽莽苍苍的原始热带雨林。中国科学院西双版纳热带植物园，坐落在勐腊县勐仑镇的葫芦岛上。这里保留有大片原始森林，已引种栽培热带植物4000多种，各种植物分类集中，组成错落有致的10多个植物专业区。

西双版纳之所以能吸引游人频频来访，另一个重要的原因在于它将民族文化、民族风情、热带雨林、观赏植物、野生动物等自然和人文景观完美地融为一体，形成了独具特色的地域景观。这里居住着傣、汉、哈尼、瑶等13个民族，他们各有自己浓郁而鲜明的民族风情。

傣族是西双版纳最主要的民族之一。傣族先民为古代百越族中的一支，远在一世纪，汉文史籍已有关于傣族的记载。在傣语中“傣”意为“热爱和平，勤劳、勇敢的民族”，有水傣、旱傣和花腰傣之分。傣族饮食以大米为主，喜欢饮酒和吃酸辣食品，好吃鱼虾等水产，还有嚼槟榔的习惯。分上下两层的干栏式建筑是傣族民居的主要形式。泼水节为傣历新年，大约在农历清明后10日。传说，古代农时由一位叫捧麻点达拉乍的天神来掌管。他身为天神却为所欲为，弄得人间冷暖失调，雨旱混淆。他的7个女儿决定为民除害。一天，她们把父亲灌得酩酊大醉，然后悄悄拔下他的一根头发，做成了心弦弓，切断他的脖子，不料头颅一挨地就燃起了邪火。7个姑娘把头轮流抱在怀里，直到腐烂。轮换时，她们总要用清水泼在自己身上，冲去满身的污秽恶臭。于是傣家人欢度新年时，都要举行泼水活动，以消灾除难，预祝在新的一年里风调雨顺、五谷丰登。

神奇的西双版纳，正以其自然与人文的完美结合，吸引着来自世界各地的游客。置身于莽莽苍苍的热带雨林之中，观赏珍稀动植物，体会独特的民俗风情，足以陶然忘忧，全身心地沉醉于绿色明珠的魅力之中。

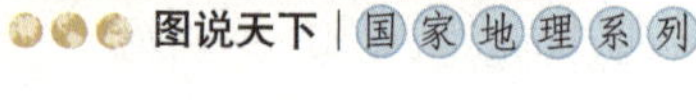

四姑娘山

Mount Siguniang

四姑娘山以雄峻挺拔闻名，山体陡峭，直指蓝天，冰雪覆盖，银光照人。山麓森林茂密，绿草如茵，清澈的溪流潺潺不绝，宛如一派秀美的南欧风光。

四姑娘山，坐落在四川省阿坝藏族羌族自治州小金县境内。1995年，这里建立了自然保护区，1996年被批准建立国家级自然保护区，主要保护对象为野生动物和高山生态系统。

四姑娘山因四座连绵的山峰而得名，山峰终年积雪，云缠雾绕，如同头披白纱、姿容俊俏的少女。

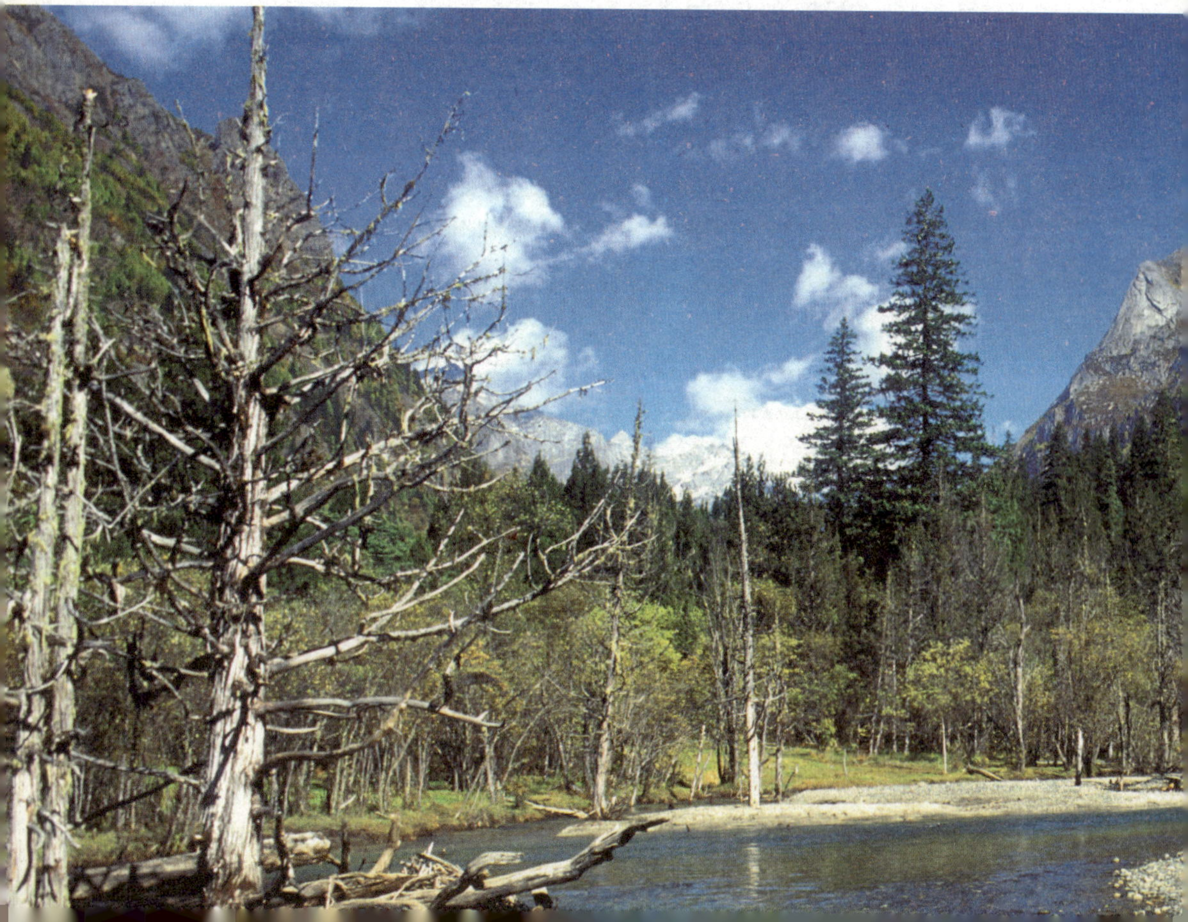

保护区属典型的高山峡谷地貌，区内生态条件复杂多样，生物群落类型多样。其中被列为国家重点保护的珍稀濒危植物有独叶草、星叶草等10余种。有国家一级保护动物扭角羚、金丝猴、云豹等近10种。

四姑娘山自然保护区内的落叶松

保护区内风景原始、古朴、幽静、神秘。这里有陡峭险峻的山峰、苍翠茂密的森林、绿草如茵的草甸、蜿蜒曲折的溪流、含烟凝碧的高山湖泊、时而出没的珍禽异兽，还有晶莹璀璨的现代冰川从山顶一直延伸到海拔4000米的高山草甸。

保护区的建立，不仅对保护中国西部地区的生物多样性和景观多样性、研究中国特有珍稀动植物种群的进化分类与繁殖等方面有着重要的意义，同时也让这里的翠柏青松、飞瀑流泉、茫茫林海里的古代驿路得以在世人面前呈现，日益受到登山运动和高山旅游爱好者青睐和关注。

四姑娘山山麓绿草如茵，溪水潺潺，宛如两个季节的重叠。

梵净山

Mount Fanjing

梵净山的山名具有浓厚的佛教色彩，是从“梵天净土”演化而来。古人云：“天下名山僧占多”，大自然造就了梵净山的奇异风光，而佛教徒则传扬了梵净山的灵山秀水。

★名称：梵净山
★位置：贵州

梵净山位于贵州江口县、印江土家族自治县、松桃苗族自治县交界处。因其形似饭甑，与梵净音近，至明代已成为佛教圣地，故改名梵净山。梵净山主峰为凤凰山，海拔2572米，是武陵山脉的最高峰。

梵净山山体为穹隆状变质岩和火山岩地层。山高坡陡，峭壁耸立，重峦叠嶂，沟谷深切，溪壑纵横，悬瀑飞泻，林海茫茫。山间多云雨，湿度大，日照少，岚气弥漫。作为一处佛教圣地，山间留有不少名胜古迹，有老金顶、金顶、九龙池、白云寺、护国寺、坝海寺、梵净古迹、九皇洞、天仙桥和古茶殿遗址。九皇洞、金顶和蘑菇岩一带可见“佛光”奇景，其多出现于晨光、暮色中。

1986年，梵净山被辟为国家重点自然保护区，主要保护

梵净山的山体距今已经有10亿年~14亿年的历史，是黄河以南最老的台地。

金丝猴为中国的国家级自然保护动物。其中，黔金丝猴更是中国特有的珍稀兽类，为世界濒危物种之一，仅分布在梵净山自然保护区。

对象为黔金丝猴、珙桐等珍稀生物及森林生态系统。现已被联合国教科文组织列入“国际人与生物圈保护区网”。黔金丝猴是贵州省独有的国家一级保护动物，总数只有几百只，仅仅分布于梵净山。黔金丝猴的体形近似于金丝猴，脸部呈灰白或浅蓝，头顶前部毛基金黄色，至后部逐渐变为灰白，毛尖黑色，耳缘白色，背部灰褐色。黔金丝猴栖息在梵净山海拔1700米以上的山地阔叶林中，主要在树上活动，结群生活，有季节性分群与合群现象，主要以多种植物的叶、芽、花、果以及树皮为食。

梵净山的原始森林中，至今保留着200万年~7000万年前的第三纪、第四纪古老的植物和动物种类，是世界上罕见的生物资源基因库。梵净山森林覆盖率在80%以上，尤以中亚热带的常绿阔叶林最为典型。梵净山的各类珍稀植物中，以珙桐的分布最集中，另外还有属于国家一级保护植物的梵净山冷杉、钟萼木以及国家二级保护植物鹅掌楸等珍稀植物分布。由于在山头和山脊分布有大量的落叶和常绿叶混交林，因此随着季节的变化，梵净山的色彩也会不断变化。随着冬季的来临，山脊和山头的森林由上至下逐渐发红、枯黄、落叶，只见一抹深绿沿着河谷向山下退缩，当地人称这种景象为“青龙下山”；而随着春天的来到，这抹绿色又从下面逐渐向上扩展延伸，两边配上姹紫嫣红、五彩缤纷的花朵，景观更为绮丽壮观，人们称之为“青龙上山”。这是茂密的植被为梵净山制造的别具特色的活动景观。

呼伦贝尔草原

Hulun Buir Plain

夏天的呼伦贝尔草原天高云低，芳草连天，成群的牛羊尽享草原最丰美的时节，一幅田园牧歌式的画卷展示出草原不可抗拒的魅力。阳光之下，呼伦贝尔就是整个天地。

★名称：呼伦贝尔草原
★位置：内蒙古
★盛誉：绿色净土

呼伦贝尔草原因呼伦湖、贝尔湖得名。其地势东高西低，海拔650米~700米，总面积约9.3万平方千米，地域辽阔，风光旖旎。草原上，水草丰茂，河流纵横，大小湖泊，星罗棋布。在2000多年的时间里，呼伦贝尔草原以其丰饶的自然资源孕育了中国北方诸多游牧民族，因此被誉为“中国北方游牧民族成长的摇篮”。

穿行在呼伦贝尔，定会为那“千里草原铺翡翠”的景象而发出惊叹。这里有中国目前保存最完好的草原，生长着碱草、针茅、苜蓿、冰草等120多种营养丰富的牧草，植物种

类有1300余种，形成了不同特色的植被群落景观。每逢盛夏，草原上鸟语花香、空气清新，星星点点的蒙古包上升起缕缕炊烟，微风吹来，牧草飘动，处处“风吹草低见牛羊”。呼伦贝尔草原地势平坦，河流曲折，特别适合放牧，著名的三河马和三河牛都是在这里培育成功的。

素有“中国第一曲水”之称的莫尔格勒河，宛如一条玉带，蜿蜒在呼伦贝尔草原上，河两岸草浪滚滚，鲜花盛开，牛羊成群，骏马奔腾。

呼伦湖，又叫呼伦池或达赉湖，是呼伦贝尔草原的标志之一。它是中国第五大湖，也是内蒙古第一大湖，呈不规则斜长方形，湖长93千米，最大宽度为41千米，湖水面积约2600平方千米，平均深度达5米左右，最深处可达8米，湖区面积为7680平方千米。

呼伦湖中有30余种鱼类和极其丰富的水生植物，湖区沼泽湿地连绵，水域宽广，有较好的鸟类栖息环境，是一个巨大的天然鸟类博物馆，也是世界上少有的鸟类资源宝库之一。呼伦湖地区有鹤、鸥、天鹅、雁、鸭、燕、鹭等241种鸟类，占全国鸟类总数的1/5，其中有不少属于珍稀禽类。

经过一亿多年的地质变迁，在地壳运动、气候变化等自然因素的影响下，呼伦湖水量时多时少。现在，呼伦湖的外流机会很少，湖水呈微咸水状态，适合淡水鱼类生长。

呼伦贝尔草原是中国北方游猎民族和游牧民族的发祥地之一，也是多民族的聚居区，蒙古、达斡尔、鄂温克、鄂伦春、汉、满、回、朝鲜、俄罗斯等民族在这里和睦聚居，至今，这些民族仍继承和保留着各自的文化和生活习俗。

广袤无垠的呼伦贝尔草原孕育了“马背上的民族”，他们在这里创造了灿烂的文化，展示着独有的风情。

扎龙自然保护区

Zhalong Nature Reserve

在中国的东北，有一处专为保护鹤类等珍稀水禽而建立的自然保护区。这里苇草肥美，鱼虾丰盛，环境幽静，风光绮丽，珍禽遍布，野鹤翱翔，堪称鸟类繁衍的天堂。这就是素有“鹤的故乡”之称的扎龙自然保护区。

★名称：扎龙自然保护区
★位置：黑龙江
★面积：2100平方千米

扎龙自然保护区位于黑龙江省齐齐哈尔市东南26千米处，面积2100平方千米。这里芦苇沼泽广袤辽远，湖泊星罗棋布，非常适合水禽的生存繁衍。保护区内有鱼类46种，昆虫277种，鸟类260种，兽类21种。其中鹤的种类多，数量大，为世人瞩目，丹顶鹤、白枕鹤、白头鹤、闺秀鹤、白鹤和灰鹤均为国家重点保护的一、二级动物。全世界的鹤类共有15种，分布在中国的有 9 种，而扎龙地区就有6种，“鹤的故乡”之美名，名不虚传。

每年四五月间，会有几百种珍禽汇集于保护区内。

扎龙自然保护区主要是保护湿地及国家级保护动物丹顶鹤等野生动物，它横跨2区4县，其湿地是乌裕尔河下游失去河道、河水漫溢而成的一大片永久性弱碱性淡水沼泽区，由许多小型浅水湖泊和广阔的草甸、草原组成。

丹顶鹤是杂食性动物，它的主要食物是草籽、小型鱼类、甲壳类等。

1992年中国加入《关于特别是作为水禽栖息地的国际重要湿地公约》，扎龙自然保护区被列入国际重要湿地名录。湿地是指不分天然或人工，长久或暂时的沼泽地、泥炭地或水域地带，带有或静止或流动，或为淡水、半咸水或咸水水体者，包括低潮时水深不超过6米的水域。此外，湿地还包括邻接湿地的河湖沿岸、沿海区域以及湿地范围内的岛屿或低潮时水深超过6米的水域。所有季节性或常年积水地段，包括沼泽、泥炭地、湿草甸、湖泊、河流及泛洪平原、河口三角洲、滩涂、珊瑚礁、红树林、水库、池塘、水稻田以及低潮时水深低于6米的海岸带等，均属于湿地范畴。湿地是重要的国土资源和自然资源，同森林、耕地、海洋一样具有多种功能。

湿地与人类的生存、繁衍、发展息息相关，是自然界最富生物多样性的生态景观和人类最重要的生存环境之一，它不仅为人类的生产、生活提供多种资源，而且具有巨大的环境功能和效益，在抵御洪水、调节径流、蓄洪防旱、控制污染、调节气候、控制土壤侵蚀、促淤造陆、美化环境等方面有其他系统不可替代的作用，被誉为“地球之肾”，受到全世界范围的广泛关注。

在全世界范围内，珍贵的丹顶鹤仅有1000多只，而扎龙保护区内就有700多只。丹顶鹤是国家一级保护动物，仅分布在黑龙江齐齐哈尔等地。它个头很大，体长在1.2米以上，羽毛主要为白色，喉、颊和颈部为暗褐色，头顶皮肤裸露，状若红冠，故得名“丹顶鹤”。丹顶鹤栖息于沼泽地或沿海浅滩地带，涉游于近水的浅滩，用长嘴啄取鱼、虫、虾、蟹等为食，有时候也吃嫩草、谷物等。在中国，丹顶鹤被赋予更为美好的含义，人们称之为仙鹤，把它们看成是吉祥长寿的象征。

扎龙自然保护区中开辟有“扎龙湖观鸟旅游区”，面积15.5平方千米，是游人接触保护区内珍禽的主要窗口。该旅游区包括：榆树岗，观鸟者可以在接待处听情况介绍，看有关扎龙自然保护区和鹤的录像、电影，登望鹤楼远眺鹤类等水禽赖以栖息繁殖的湿地景观，及参观展览厅和鹤类驯养繁殖场；在龙泡子（扎龙南湖）、大泡子（扎龙北湖）、西沟子（系自然河道）和扎龙养鱼池，观鸟者可以在明水水面观察到众多的雁鸭类、秧鸡类、鸥类等游禽及在近水草甸栖息的小涉禽；九间房、大场子，为芦草沼泽景观，观鸟者在这里可以观赏到鹭类的群巢区和鹤、鹳等涉禽及沼泽猛禽；土木克西岗，游人在这里可看到大量农田居民区鸟类。在扎龙苗圃及其毗邻草甸草原，游人可观察到林栖鸟类和草原旷野鸟类及大鸨、蓑羽鹤等。

松嫩平原的乌裕尔河水孕育了大片的芦苇沼泽，给了鸟类极佳的生存环境。

扎龙自然保护区风光优美，景色秀丽，堪称是北国的江南。每当暮春仲夏，芦苇青青，在清澈的水面上，漂浮着水浮莲、茨角等水生植物，四周草地翠绿，野花飘香；金秋季节，登上望鹤楼，极目远眺，鹤和各类水禽，集群嬉游，翱翔盘旋，令人心旷神怡。游人徜徉在这北方的水乡泽国之中，欣赏野生珍禽自由地遨游，一种真正回归大自然的感觉便会油然而生。

卧龙自然保护区

Wolong Nature Reserve

卧龙奇趣，在于自然率真，不事雕琢。置身于卧龙自然保护区之中，仿佛来到了一个别样的世界，可以尽情享受那份原始的野性。

★名称：卧龙自然保护区
★位置：四川
★面积：7000平方千米

卧龙自然保护区位于四川省汶川县境内，包括卧龙、耿达两个乡，是以保护高山生态系统及大熊猫、金丝猴、珙桐等多种珍稀物种为主的综合性国家级自然保护区。温暖湿润

卧龙自然保护区位于青藏高原向四川盆地过渡的高山峡谷区，海拔5000米以上的高山就有101座，进入冬季，随处可见的树挂成为卧龙的一大胜景。

的自然环境为众多生物的栖息和繁衍提供了良好的条件，许多濒临绝种的动植物在此生活，其中被列为国家重点保护的物种有大熊猫、金丝猴、牛羚、白唇鹿、绿尾虹雉、珙桐、水青、连香、红豆杉等。

卧龙自然保护区始建于1963年，是中国最早建立的保护区之一，1980年被批准加入联合国教科文组织“人与生物圈保护区网”，同年，中国与世界野生生物基金会在此合作建立了中国保护大熊猫研究中心。

保护区奇妙的自然景观、变化多样的森林植被、幽深宁静的环境以及形形色色的稀有动植物汇集成一种难以抗拒的诱人魅力，吸引着四面八方的游客到此来游览。

保护区内最为著名的动物无疑是大熊猫。大熊猫是中国特产的珍稀动物，因其体形较大，外形似熊，头较圆像猫，因而得名。又因其毛色黑白相间，主要栖息于竹林中，俗称花熊和竹熊。大熊猫是一个孑遗物种。距今几十万年前是大熊猫的极盛时期，它曾广泛分布于中国东部，后来同期的动物相继灭绝，大熊猫却孑遗至今，并保持了原有的古老特征，因而有“活化石”之称，对于研究生物进化、古地理、古气候等具有很高的学术价值。而其憨态可掬的形象使它受到了世人的喜爱，被称为中国国宝。

白唇鹿是保护区内知名的珍稀动物之一，它是中国特产的珍稀动物，仅产于青藏高原、甘肃祁连山和四川西部等海拔3500米～5000米的高原山地上，已被列为国家一级保护动物。这种鹿的下唇和吻端两边呈纯白色，因而得名白唇鹿。白唇鹿体形很大，身上有厚厚的长毛，以树叶、草等为食，不畏寒冷和风雪，脚蹄宽大，善于翻山越岭，是一种耐受力很强的鹿。目前白唇鹿已濒临绝种。

卧龙自然保护区内分布着100多只野生大熊猫，占全国总量的10%。

金丝猴是中国独有的珍稀野生动物，川金丝猴是其中重要的种类，生活在中国四川省西部山地云杉、冷杉、槭、桦、箭竹、杜鹃等丛生的针阔混交原始林里。金丝猴身被长毛，浓而厚的金灰色或金黄色背毛，长度可达20多厘米。金丝猴脸庞呈蓝色，面型纯朴和蔼，还生了一对朝天翘的鼻孔，所以又得了个“仰鼻猴”的名字。金丝猴过着群居生活，有十几只一群的，也有几百只一群的。

卧龙奇趣，在于自然率真，不事雕琢。置身于卧龙自然保护区内，仿佛来到了一个别样的世界，可以尽情享受那份原始躁动的野性。

坝上草原

Bashang Plain

秋天是坝上最美的时候。草原、湖泊、山川、峡谷，处处都呈现五彩的景观。在这个季节，无论是策马奔驰还是静静地站在草原上，都能感受到草原的美丽宽广。

★名称：坝上草原
★位置：河北
★面积：350平方千米

“坝上”是一地理名词，特指由草原陡然升高的地带，又因气候和植被的原因形成的草甸式草原。张家口以北100千米处到承德以北100千米处，统称为坝上地区。就旅游地域而言，主要分为丰宁坝上、围场坝上、张北坝上和沽源坝上。

坝上在华北平原和内蒙古高原交接的地方陡然升高，成阶梯状，故名“坝上”。平均海拔1500米～2100米，在北纬41°～42°，年平均气温约1.4℃～5℃。它西起张家口市的张北县、尚义县，中挟沽源县、丰宁县，东至承德市围场县。

坝上的风景最为美丽。夏季，这里天蓝欲滴，碧草如翠，云花清秀，野芳琼香；金秋时节，万山红遍，野果飘香；冬季，白雪皑皑，玉树琼花，这里的景色就如一首首优美的诗，一幅幅优美的画。

坝上草原总面积约350平方千米，是内蒙古草原的一部分，平均海拔1486米，最高海拔约2400米；是滦河、潮河的发源地。置身于草青云淡、繁花遍野的茫茫碧野中，似有“天穹压落、云欲擦肩”之感。旅游季节平均气温为17.4℃，是理想的绿色健康旅游休闲胜地。

坝上天高气爽，芳草如茵，群羊如云，骏马奔腾，坝缘山峰如簇，碧水潺潺；接坝区域森林茂密，山珍遍野，野味无穷；上坝后，即会有怡人的消暑之感。凉风掠过，顷刻间钻进您的衣襟。环顾四野，在茂密的绿草甸子上，点缀着繁星般的野花。大片大片的白桦林，浓妆玉肌，层层叠叠的枝叶间，漏下斑斑点点的日影。美丽的闪电河如玉带环绕，静静地流过您的身边。牛群、马群、羊群，群栖觅食，放牧人粗犷的歌声和清脆的长鞭声，融合着悦耳动听的鸟叫声，更给朴实的草原增添了无限的生机。

坝上草原夏季无暑，清新宜人。斑斓的野花，始于坝缘，有的灿若金星，有的纤若红簪，四季花色各异，早晚浓淡分明。

夜幕之时，明月篝火，是诉说情话的好去处；你可以到篝火旁同南来北往的游客尽情地攀谈、跳舞、唱歌；还可以独自坐在草原上，享受独处的妙趣。清晨起床，你可以踏着软软的天然草毡，聆听百鸟清脆的歌声；也可去看看草原的日出。一轮红日冉冉升起，绿叶上晶莹透明的露珠，立刻变成了闪烁的珍珠；各种植物转眼一片嫩绿；马群、牛群、羊群也开始在广阔的草原上运动，真是一派“天苍苍、野茫茫，风吹草低见牛羊”的草原胜景。

丰富的水资源带给了坝上草原无穷的活力。

香格里拉
Shangrila

太阳最早照耀的地方，是东方的建塘，人间最殊胜的地方，是奶子河畔的香格里拉……自从英国作家詹姆斯·希尔顿的小说《消失的地平线》问世以来，作品中所描绘的香格里拉便吸引了无数人，人们怀着极大的热情与向往，追寻着这片圣洁纯净的世外桃源。

★名称：香格里拉
★位置：云南

太阳最早照耀的地方，是东方的建塘，人间最殊胜的地方，是奶子河畔的香格里拉……自从英国作家詹姆斯·希尔顿的小说《消失的地平线》问世以来，作品中所描绘的香格里拉便引起了无数人的向往，人们怀着极大的热情，追寻着这圣洁纯净的世外桃源。据考证，香格里拉实际上就是指云南的迪庆藏族自治州。

迪庆位于云南省西北部，藏语意为“吉祥如意的地方”，被认定是詹姆斯·希尔顿在小说《消失的地平线》中

香格里拉小中甸草地上红艳艳的狼毒草，是一种耐旱植物，虽然美得令人炫目，但它的出现却是草场开始退化的标志。

所提到的永恒、和平、宁静的土地——香格里拉。迪庆地处青藏高原东南边缘，拥有独特的融雪山、峡谷、草原、高山湖泊、原始森林和民族风情为一体的景观，为多功能的旅游风景名胜区。

香格里拉的民居建筑是藏式雕房与纳西井干式木板屋结合的产物。

香格里拉是因希尔顿的小说而闻名的。第一次世界大战期间，一位英国飞行员在飞机发生事故后，于川滇交界地区跳伞，发现自己竟无意中闯入了一个仙境般的世界：雪山巍巍、芳草萋萋、树木葱茂、湖水明澈，完全是一个世外桃源，与欧洲炮火连天的滚滚硝烟形成了强烈的反差。尽管语言不通，但这位飞行员却在这里得到了当地山民的热情款待和帮助，最后顺利地返回了英国。后来这个飞行员写了一篇回忆录，深情地叙述了他在这片神奇土地上的见闻，他把远离战火的净土誉为“香格里拉”。1933年，希尔顿据此写下了《消失的地平线》一书，用他优美的文笔向世人描述了一个东方的美丽田园。

1997年9月，云南省政府根据众多专家、学者的研究成果，向世界宣布：世人寻觅了半个多世纪的香格里拉就在云南迪庆。2001年，国务院正式批准迪庆藏族自治州中甸县更名为香格里拉县。从此，美丽的香格里拉有了自己的归属。

迪庆处于国家三江并流风景名胜区的中心地带，包括香格里拉、维西、德钦3个县。在雪山环绕之间，分布有许多大大小小的草甸和坝子，它们是迪庆各族人民生息繁衍的地方，土地肥沃，牛马成群。在这片宁静的土地上，有静谧的湖水、神圣的寺院、淳朴的康巴人，一切都如人们梦想中的伊甸园——香格里拉。

迪庆藏族自治州的赛马节号称康巴英雄会，骏马长嘶，人声鼎沸，康巴各地藏族好手荟萃，热闹非凡，这不仅是藏族，也是迪庆各族人民的盛大节日。

香格里拉的宗教融合浑然天成。在这片土地上，曾经活跃着藏传佛教的四大派别、伊斯兰教、基督教、中原佛教、青教等多种宗教和文化，它们各行其道，和睦共处。每到黄昏，松赞干布寺的诵经声和茨中天主教堂的祷告声一道，响彻天宇。当你听到这天籁一般的声音时，你会感觉到，你的灵魂已与美丽圣洁的香格里拉融合在一起，成为它的一部分了。

武陵源

Wulingyuan

武陵源是“天然去雕饰”的人间仙境，也是资源丰富的绿色植物宝库和野生动物乐园。这里拥有成片的原始次生林，珙桐、银杏、水杉、龙虾花等奇花异木漫山遍野，还有猕猴、灵猫、角雉、锦鸡等珍禽异兽出没其间，其美在神秘，美在天然。

★名称：武陵源
★位置：湖南

武陵山位于湖南省西北部及湖北省、贵州省两省边境，为东北—西南走向，是沅江和澧水干流的分水岭。山中气候属亚热带向暖温带过渡类型，夏凉冬冷，雨量适中。武陵源风景区就位于这片莽莽山林中。这里山峰陡峭怪奇，森林茂密，溪流清冷冰澈。此外，还有丰富的矿产资源和许多珍稀的动植物品种，富庶与纯美构成了山中的桃源胜景。

武陵源是由张家界、天子山、索溪峪、杨家界四大各具特色的风景区组成，方圆369平方千米，气候湿润，温凉宜人。这里集“山峻、峰奇、水秀、峡幽、洞美”于一体，几千座岩峰千姿百态，耸立在沟壑深幽之中；数百条溪流蜿蜒曲折，穿行于石林峡谷之间，堪称“天然去雕饰”的人间仙境。

石英砂岩峰林奇观是武陵源最为独特的胜景之一，堪称造物主的伟大杰作，它以多、美、野而著称于世。武陵源共有峰林3100多座，数量之多在全世界绝无仅有。群山环抱之中，石峰耸立，高低参差，怪异嶙峋，美不胜收。

武陵源素有“水八百”之称，山中之水以“久旱不断流，久雨水碧绿”为特色。这里溪、泉、湖、瀑、潭齐全，纷呈异彩。金鞭溪衔连索溪峪，把沿途自然风景错落有致地巧妙连接起来，构成一幅美妙的山水画卷，给人以动静相

武陵源气候温暖湿润，非常适合植物生长。

宜的美感。鸳鸯瀑布从高达百余米的悬岩飞泻直下，远远聆听如雷声轰隆，回荡峰壁；近观瀑形，似夭矫银龙，形、声、色俱佳，给人以豪壮美感。

武陵源的峡谷溶洞中，无不见大自然的巧思妙手。金鞭溪、十里画廊、黑槽沟等峡谷均是幽深奇秀、隐天蔽日之地。幽峡蜿蜒伸展，两旁树木葱茏，杂花香草，“人游山峡里，宛在图画中”，令人顿生幽思遐想。景观奇美齐全的黄龙洞，是中国的超级长洞，规模庞大，最宽处200米，最高处51.25米，总面积为5.2万平方米，被誉为“洞穴学研究宝库”。

武陵源地形复杂，气候温和，雨量丰富，经过长期的侵蚀风化，石英砂岩构成巨大的奇峰异石，坡陡沟深，加之森林茂密，给动物的生活、繁衍创造了良好的环境条件。尽力保持原始自然风貌的武陵源成为动植物的避难所，在现代文明发展中深受威胁的物种，许多都在这里找到了自己生存的一席之地。武陵源森林覆盖率达88%，高等植物有3000余种，繁复的植物品类给这里增添了一种幽谷深壑的原始味道。

据传，天子山因宋代一土家族领袖率当地农民起义，自称“向门天子”而得名。放眼远眺天子山，只见莽莽丛林中，一面面石崖拔地而起，恰如天兵演武。

九寨沟

Jiuzhai Gou

置身九寨沟，如梦如幻。不论你仰望、俯视，还是左顾、右盼，迎接你的可谓无处不是美景。以至许多观光者感叹：人在沟里走，如同画中行。张艺谋的电影《英雄》也许没能让人们记住故事的情节，却让九寨沟那绚丽的景色成了人们脑海中的绝世画卷。

★名称：九寨沟
★位置：四川

翠海、叠瀑、彩林、雪峰、藏情……九寨之美，名动天下，那富于原始野性的独特之美，仿佛不应该属于凡间。千百年来，人们毫不吝惜地把一切的赞美之词都送给了神奇的九寨。即便如此，似乎也无法真正传神地表达出九寨的韵味。

九寨沟位于四川西北部的阿坝藏族羌族自治州境内，因周围有9个藏族村寨而得名。九寨沟地处岷山山脉，海拔2000米～4300米，是长江水系嘉陵江源头的一条支沟，由日则沟、树正沟和则查娃沟3条沟组成。九寨风光，美丽多姿，以高山湖泊群和瀑布群为主，集翠海、瀑布、彩林、雪峰及藏情为一体，因其独有的原始自然风光，变幻无穷的四季景观，丰富的动植物资源而被誉为“人间仙境”“童话世界”。1992年12月14日，九寨沟被联合国教科文组织批准列入世界

九寨沟的海子，终年碧蓝澄澈，而且随着季节、阳光的变化，呈现不同的色调与水韵。

九寨沟诺日朗瀑布的顶部平整如台，落差20米，宽达300米，雄伟壮观。

自然遗产名录。

九寨沟原始秀丽的风光主要分布在呈“丫”字形的3条主沟中，总面积720平方千米，景区内有108个翠海（高山湖泊），17个瀑布群，并有多处大面积钙华滩流。著名的景点有剑悬泉、芳草海、天鹅湖、剑竹海、熊猫海、高瀑布、五花海、珍珠滩瀑布、镜海、诺日朗瀑布、犀牛海、树正瀑布、树正群海、卧龙海、火花海、芦苇海、留景滩、长海、五彩池、上下季节海等。

九寨沟是中国著名的自然保护区之一。森林面积200平方千米，在2000米～4000米的高山上垂直密布。主要品种有红松、云杉、冷杉、赤桦等。在这里的原始森林中，栖息着珍贵的大熊猫、白唇鹿、苏门羚、扭角羚、毛冠鹿、金猫等动物。海子中野鸭成群，常有天鹅、鸳鸯来嬉戏。

今天的九寨沟，虽然是一个人头攒动的著名旅游景区，但却仍然顽强地保持着自己独有的原始风貌，体现出野性与自然的魅力。九寨沟有五绝：翠海、叠瀑、彩林、雪峰、藏情，每一绝都充满了独特的魅力，令来到此处的游人流连忘返。

水是九寨沟的精灵，也是九寨沟美景的精髓所在。每当风平浪静之时，湖面平如明镜，但见碧空如洗，白云朵朵，远山苍翠，树木葱郁，无限景致尽在湖中倒映，真幻难分。

五彩缤纷的海子则是由阳光、水藻和湖底沉积物的共同作用形成的大自然的杰作，也是九寨沟风光中令人无限神往的景观。只见在清澈的海子之中，鹅黄、黛绿、赤褐、绛红、翠碧等不同的色彩相继呈现，相互浸染，斑驳陆离，仿佛一匹艳丽的彩色锦缎。

树正群海中共有海子40余个，犹如多面晶莹的宝镜，顺次叠延。

随着视角的变换，色彩也在不断地变化，一步一态，变幻无穷。清风过处，湖面泛起阵阵波澜，色彩随之波动，璀璨明艳，恍如燃烧的海洋。

九寨沟内闻名遐迩的海子，由400多个形态、水色各异的高山湖泊连缀组成。由于地势平坦，彩池中的水大都深不盈寸。来自高山的雪水和涌出地表的岩溶水，随着流速变缓、地势起伏和枯枝乱石的阻隔，水中富含的碳酸钙开始凝聚，发育出固体的钙华埂，使流水潴留成层叠相连的大片彩池群。碳酸钙沉积过程中，又与各种有机物、无机物结合成不同质地的钙华体，加上光线照射的种种现象，就形成了湖水同源而色泽不一的绮丽景观。

九寨沟是水的世界，也是瀑布的王国。九寨瀑布堪称大自然的传奇杰作，这里几乎所有的瀑布全都从密林里狂奔出来，奔流不息，气魄雄浑，景象极为壮观。这里有宽度居全国之冠的诺日朗瀑布，它从高高的翠岩上飞泻而下，仿佛一幅巨大的银色绸缎，气势雄浑，景色壮丽。有的瀑布从山岩上腾越呼啸，几经跌宕，形成叠瀑，似群龙竞跃，声闻数里，激溅起无数小水珠，犹如万斛珍珠。在朝阳照射下，瀑布上常常出现奇丽的彩虹，使人赏心悦目，流连忘返。

彩林被誉为九寨沟五绝之一，覆盖了景区一半以上的面积。彩林内生长着2000多种植物，争奇斗艳；林中遍布奇花异草，或色彩绚丽，或浓绿阴森，千姿百态，神秘莫

双龙海中，两条带状的生物钙华礁堤隐隐伏于水底，恰似两条蛟龙潜于海中。

测；林地上积满厚厚的苔藓，散落着鸟兽的翎毛，充满着原始气息的森林风貌，使人产生一种浩渺幽远的世外天地之感。2000平方千米莽莽苍苍的原始森林，随着季节的变化，呈现种种奇丽风貌。

九寨沟3条沟谷，层峦叠嶂，山势挺拔，眺望远方，皑皑雪峰，尽收眼底。艳阳之下，雪峰反射出耀眼的银光，使人目眩。登上尕尔纳山，极目远眺，山峦逶迤起伏，谷壑幽深迷离，天空云海茫茫，千变万化，直入云端的峰峦时隐时现，沉浮升降，似乎在天宇中游弋。

包括九寨沟在内的嘉陵江、岷江上游地区，古称氐羌之地，有历史记载的人类活动早至殷商时期。九寨沟长期以来即为藏族聚居地，神秘凝重、地域特色鲜明的藏族文化与奇异的山水风光融为一体，相得益彰。九寨沟是因沟内的9个寨子而得名的。这9个寨子又称为“何药九寨”，虽然居住的都是藏族人，但这里藏胞的语言、服饰和习俗，与四邻的藏胞都有着较为明显的差异，构成了独特的九寨藏情。

据考证，九寨居民的祖先原来生活在甘肃省的玛曲，属于阿尼玛卿山脚下的一个强悍的部落，唐代随松赞干布东征松州时留在了白水江畔。在《唐书吐蕃传》中记载了这段历史，唐初吐蕃东征时，松赞干布以勇悍善战的河曲部为先锋，一举占领松州，后部分人马被留在了弓杠岭下，他们便在此定居，将原河曲的俄洛女神山的传说及部落传说均带到了九寨沟。九寨沟的色嫫山名便是源于河曲。

九寨沟的藏族同胞有着值得子孙后代骄傲的爱国主义精神。1841年8月，英军力犯闽浙沿海，道光帝下令调遣兵勇，收复失地。奉调赴战的川军，有一支是来自金川、松州羊峒58寨的藏族同胞。他们于1842年抵达江浙前线，先期到达预定地点，不料受到英军伏击。藏兵们不惧生死，舍身杀敌，付出了重大牺牲。他们身上的大无畏气概，令英军心惊胆寒。

对于习惯了都市之中尘嚣生活的人而言，来到九寨沟这样纯净而原始的地方，实在有如登仙境。那粼粼的波光、五彩的池水、苍茫的林海、神奇的生物、飞泻的瀑流、皑皑的雪峰，构成了一幅瑰丽如梦的奇景。神奇的九寨沟，用它不事雕饰的绝世风姿，吸引着世人的瞩目。诗情画意的九寨，是造物主赐予人类最美丽的乐土，是人们回归自然的精神家园。

九寨沟的春天，绿意盎然，四周茂盛的植被与湖底倒伏的枯树展现出自然原始的生态环境。

稻城 Dao Cheng

云南省于1997年宣布香格里拉在云南迪庆。然而，在四川省境内，还有一个地方，也被许多人认定是传说中的香格里拉，那就是著名的稻城亚丁。不管它是否真的是香格里拉，它那丝毫不逊色于迪庆的迷人风光的确令人无法忘怀。

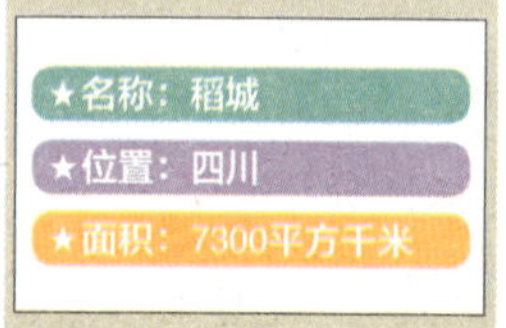

稻城，古名“稻坝”，藏语意为山谷沟口开阔之地。稻城东南与凉山州木里县接壤，西界乡城县与云南省香格里拉县毗邻，北连甘孜州理塘县。稻城高原是由横断山系的贡嘎雪山和海子山组成。两大山脉坐落南北，约占全县面积的1/3。这里地势北高南低，西高东低，群山起伏，重峦叠嶂，逶迤莽苍。

稻城地区丘状、冰蚀岩盆和断陷盆地遍布于高原上，是中国最大的古冰体遗迹，即“稻城古冰帽”。海子山草原辽

阔，冰蚀地形十分复杂，冰蚀岩盆随处可见，共有1145个海子，规模与数量之大在中国都堪称独一无二，是研究第四纪冰川地貌的重要基地。

海子山怪石林立，大小海子星罗棋布，自然景色绚丽磅礴，是喜马拉雅山造山运动留给人类的古冰体遗迹。海子山海拔3600米～5020米，方圆3287平方千米。站在海子山，极目远眺，天地无止无境，撼人心魄。海子山又是个天然的石雕公园，山内的天然石雕随处可见，千姿百态而又形神兼备，令人叹为观止。海子山还曾是恐龙生息繁衍的地方。1982年，科学家们在海子山中部发现了恐龙牙齿化石和桉树化石，说明几千万年前，恐龙曾生存在这个地方。

稻城南部耸立着巍峨的高山——俄初山。它海拔5140米，藏语意为“闪光的山”。俄初山高峻而巍峨，挺拔却不失俊俏，像一位美貌仙子端坐云霓。俄初山山形平缓、森林广袤，山上风云变幻莫测。秋季，俄初山层林尽染，万山红遍，正如它美丽的名字，在阳光下闪闪发光，在俄初山山顶远眺贡嘎日松贡布雪峰，景色十分壮观。俄初山东南是驰名藏区的佛教圣地——亚丁自然保护区。亚丁藏语意为“向阳之地”，景区核心为在世界佛教二十四圣地中排名第11位的三怙主雪山，“属众生供奉朝神积德之圣地”。

稻城第一高峰仙乃日峰前，镶嵌着碧蓝如玉的珍珠海。雪峰周围，角峰林立，大大小小有30多座。

在近千年的宗教文化影响下，稻城的大寺院建筑遍及全县，体现出浓郁的宗教色彩。纷呈各异的民俗风情，节日、婚丧嫁娶、喜庆仪式、服饰、音乐歌舞等无不受到宗教文化影响，散发出让人难以抗拒的魅力，使雪域之外的人们纷纷走进这片圣地，领略它那古朴独特的文化气息。

稻城桑堆的红草地上，湖水、沼泽边生长的秋草，在周围或黄或绿的青杨树的衬托下，更显炽烈和鲜艳，与远处的山峦、蓝天、白云一起，构成了稻城的又一幅绚烂图画。

黄龙

Mount Huanglong

黄龙，山如其名，褐黄色的山体犹如一条金龙，盘卧在松潘的崇山峻岭之中。被地质学家称为钙华地貌的自然景观，在这里体现得淋漓尽致。

★名称：黄龙
★位置：四川
★面积：700平方千米

“金沙铺地，千层碧水走黄龙。”黄龙风景区的巨型地表钙华坡谷，如一条金色巨龙，蜿蜒于原始林海和石山冰峰之间，构成奇、峻、雄、野的环境特色，享有“世界奇观”“人间瑶池”之誉，被称为“中国一绝”。这里的钙华景观不仅规模宏大，结构奇巧，色彩丰艳，环境原始，而且类型繁多齐全。钙华边石坝彩池、钙华滩、钙华扇、钙华湖、钙华塌陷湖、钙华塌陷坑、钙华瀑布、钙华洞穴、钙华泉、钙华台、钙华盆景等一应俱全，是一座罕见的天然钙华博物馆。

黄龙连绵分布的钙华段长达3600米，最长的钙华滩长1300米，最宽的为170米，彩池有3400余个，边石坝最高达7.2米，扎尕钙华瀑布高达93.2米。这些都属中国之最，世界无双。黄龙还是中国最东部的现代冰川保存区。这里发育着雪宝顶、雪栏山和门洞峰3条现代冰川，这些冰川类型全面，分布集中，其中主要冰蚀遗迹有角峰、刃脊、冰蚀堰塞

黄龙碛沟周围高山上的冰雪融水和地表水渗入冰碛之下，在石灰岩层下部形成浅层潜流，并溶解了石灰岩中大量的碳酸钙物质。流出地表后，水温和压力的迅速降低使二氧化碳气体溢出，碳酸钙结晶析出，形成钙华。

千万年以来积淀形成的钙华围堤随地形起伏层层叠叠，围堤内宛如传说中的瑶池。

黄龙洞位于黄龙古寺山门左侧10米处，又称归真洞或佛爷洞。传说黄龙洞是黄龙真人修炼的洞府，此处“真人”“佛爷”合二为一，道教、佛教融为一体，该洞是探求宗教奥秘的罕见之地。黄龙洞室是一处地下溶洞，洞内幽静深邃，只听见弹琴般的滴水声和地下河低沉喑哑的流动声，彼此唱和，和谐生动，仿佛一曲传自远古的音乐。溶洞之内，钟乳石比比皆是，千姿百态，给人以神秘而圣洁的感觉。洞内寒气逼人，即便盛夏也会有刺骨的寒意。

黄龙美景浑然天成，巧夺天工，瑰丽如梦，壮美如画，是大自然赠予人类的最慷慨的礼物。站在这片如一条金色巨龙一般蜿蜒延伸的神奇土地，任谁也不能不感叹造化的伟力。

湖等，主要冰碛地貌有终碛、中碛、侧碛、底碛等。现代冰川和古冰川遗迹及其与钙华之间的关系等，均具有重要的科研价值。

除钙华之外，黄龙的其他景致也是美丽动人，充满神秀。黄龙飞瀑位于入山后不远处，但见千层碧水冲破密林，顺坡而下，突然从高约10米、宽约60余米的岩坎上飞泻而下。几经起伏跌宕之后，形成了数十道梯形瀑布，景象壮观之极。有的如珍珠断线，自半空之中滚落而下，银光闪烁；有的如水帘高挂，雾气升腾，云蒸霞蔚；有的如丝匹流泻，舒卷飘逸，熠熠生辉；有的如珠帘闪动，影影绰绰，姿态万千，令人神往。纵观全景，飞瀑处处，涛声隆隆，声闻数里，气势磅礴，在阳光下远远望去，犹如彩霞从天而降，分外辉煌夺目。

黄龙独特的生态环境使其成为大熊猫的理想栖息地。

万里长城 The Great Wall

北京故宫

Palace Museum of Beijing

天坛 Temple of Heaven

布达拉宫 The Potala Palace

承德避暑山庄

Mountian Resort in Chengde

孔庙、孔府、孔林 Temple of Confucius in Qufu

武当山古建筑群

Ancient Building comblex in Wudang

云冈石窟 Yungang Grottoes

龙门石窟 Longmen Grottoes

大足石刻 Dazu Rock Carvings

苏州园林 Classical Gardens of Suzhou

颐和园 Summer Palace

明清皇陵

Imperial Tombs of Ming and Qing Dynasties

都江堰 Dujiang Dam

坎儿井 Kaner Well

京杭大运河 Grand Canal

……

Immortal Tales of Mortals

不朽神话

万里长城

The Great Wall

中国万里长城是世界上修建时间最长、工程量最大的冷兵器战争时代的国家军事性防御工程，是中华民族的象征和骄傲。雄伟的万里长城是中国古代人民创造的世界奇迹之一，也是人类文明史上的一座丰碑。

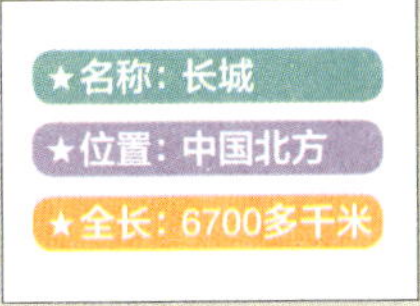

长城西起嘉峪关，东到鸭绿江，途经甘肃、宁夏、陕西、山西、内蒙古、河北、北京、天津、辽宁9个省、市、自治区，随着不同的地形、山势和地貌而筑，大都建在山岭最高处，全长6700千米（13400华里）以上，号称万里长城。

长城是由烽火台和列城等单体建筑发展起来的。初建的是彼此相望的烽火台，或是连续不断的防御城堡，而后用城墙把它们联系起来，便成了长城。其中，从鸭绿江到山海关段，由于工程比较简单，毁坏较为严重；山海关到嘉峪关段，工程较为坚固，保存也较完整。最早修筑长城的是楚国，大约在公元前7世纪。其后各代都曾经大规模修筑或增筑长城。明代是修筑长城的最后一个朝代，其修筑规模之宏

残损的长城，雄风依旧，沧桑尽显。

大，防御组织之完备，所用建筑材料之坚固，都远远超越了以前的各个朝代。

明代万里长城西端的险要关隘嘉峪关，雄峙于祁连雪峰与嘉峪黑山之间的岩岗上，地势险峻，气势雄伟，以巍峨壮观著称于世。嘉峪关关城始建于明洪武五年（1372），是长城沿线保存最完整的一座雄关。地处古“丝绸之路”必经之地，东西交通的咽喉要道。关城由内城、瓮城、罗城、外城、城壕组成，城上还建有箭楼、敌楼、角楼、阁楼、闸门楼10余座楼。出关西行百余米，有一碑刻，上书“天下雄关”，和东隔万里之遥的“天下第一关”山海关遥相呼应，互争雄姿。

三关口明长城位于银川市西40余千米的贺兰山南部。此关口是宁夏与内蒙古阿拉善左旗的交界地，银川至巴彦浩特公路穿关而过，在关口处可看到残断长城遗址。三关即从东向西，设头道卡、二道卡和三道卡，后人称之为三道关。这里山脉蜿蜒曲折，地势雄奇险峻。原两山夹峙的山坳中，建有关隘。三关口长城是明嘉靖十年（1531）宁夏佥事齐之鸾耗巨资修筑的。此关两山相夹，山谷狭窄，一水中分，山陡壁峭，仰望山峰巍峨，下视谷底险峻，地势十分险要，颇有“一夫当关，万夫莫开”之势。

八达岭城墙的基部用每块重达半吨以上的花岗岩条石筑成。

恒山沿山西省代县北部逶迤而下，内长城蜿蜒至山巅。此处是太行山的一个横断山脉，古称句注山，也称雁门山。自从在雁门山上建关后，更有“一夫当关，万夫莫开”的气势。关前后左右群山绵延，切断了塞北高原通向山西及华北平原的一条重要通道。雁门关自唐代建关以来，一直都是重要的军事关口。相传每年春来，南雁北飞，口衔芦叶，飞到雁门盘旋半晌，直到叶落才能够过关。因此有“雁门山者，雁飞出其间”的说法。“三关冲要无双地，九塞尊崇第一关。”整个雁门关关城的建筑，虎踞龙盘，雄伟壮观。明清以后，关城虽屡有重建。但随着多民族统一国家疆域的逐步形成，内长城作为“内边”已经失去了作用，所属的雁门雄关也随之荒废。

八达岭长城是目前保存较为完好的长城城段之一，位于北京延庆县西南，距市区约75千米，因“出居庸关，北往延庆州，西往宣镇，路从此分”而得名。八达岭地处要冲，具备很高的军事价值，历代帝王都非常注重这里的防御，自明初开始，不断在此处修建长城。此处长城的修建，多用条石和城砖砌筑，非常坚固，沿城还设有多个不同用处的墙台。作为居庸关的外围关口和防卫前哨，八达岭长城的关城有东西两扇门，东门题额“居庸外镇”，西门题额“北门锁钥”。沿城每隔三五百米筑

长城在燕山蜿蜒向前。燕山长城主要分布在北京、河北境内，是明长城中最美的一段。

有方形城台，高出墙顶。四周砌有城垛，按不同功能分墙台、敌台、战台等多种结构。

黄崖关长城位于天津蓟县境内，东起半拉缸山，西迄王冒顶山，北齐时开始建造，到了明代又大修了一遍。长城全线总长3025米，全部建造在陡峭的山脊上。东面是悬崖峭壁，西侧因地制宜修筑了砖墙、石墙以及险山墙、劈山墙等多种形式的城墙。因为这里地势极为险要，所以黄崖关关城采取了丁字形和曲尺形街巷的布局方式，这样即使关门被打破，敌人进入关口也会在里面四处乱撞，而熟悉地形的守关士兵就能以关城内部的建筑为保障，二次作战。

山海关历来作为万里长城的终点而闻名于世。山海关古称榆关，又称渝关、临闾关，在河北秦皇岛市以东10多千米处。山海关的城池建筑于明代，筑城人是明朝开国名将徐达，整个城池与长城相连，城池就是关口，城高14米，厚7米。全城有4座主要城门，还建有多种古代防御建筑，气势宏伟、结构严谨、层次分明，是一座防御体系比较完整的城关。登上山海关城楼北望，万山重叠，万里长城如一条昂首的巨龙跃上群峰，蜿蜒起舞，景色异常壮观。往南看，乃是波澜壮阔的渤海，长城从山海关直逼海中。如果把万里长城比作一条翻山越岭的巨龙，这些伸入海里的建筑就恰似龙首在吞波吐浪，因此人们称它为“老龙头”。山海关箭楼上的横额巨匾——“天下第一关”，笔法苍劲有力，庄重洒脱。

长城距今已有2000多年，虽已失去防御上的作用，但仍巍然屹立，代表着中华民族悠久的历史，反映了中国古代建筑工程技术的伟大成就，表现了中国古代各族劳动人民的坚强毅力与聪明才智，体现了中国自古形成的积极防御的战略思想。

北京故宫

Palace Museum of Beijing

北京故宫，原名“紫禁城”，始建于明永乐年间，历时14年建成。它是一座壁垒森严、巍峨壮观的宫殿，也是世界上规模最大、最完整的古代宫殿建筑群，最大的历史博物馆。

★名称：北京故宫
★位置：北京
★面积：0.72平方千米

北京故宫，原名“紫禁城”，始建于明永乐年间，历时14年建成。它规模宏大，占地0.72平方千米，建筑面积为0.15平方千米，有房屋9000多间，黄色琉璃瓦屋顶、蓝色护城河和红色围墙把它与外界隔开。从建成到封建帝制结束，近500年间共有明、清两代24位皇帝在此登基继位。它是一座壁垒森严、巍峨壮观的宫殿，也是世界上规模最大、最完整的古代宫殿建筑群，最大的历史博物馆。

太和殿及广场上的铜缸

故宫的建筑都严格遵循对称的规则，沿一条南北走向的中轴线排列。而这条中轴线上的建筑，更是故宫的重心，这

些建筑都坐北朝南，体现着皇帝的至尊。故宫可分为前朝和内廷两部分，二者界线在乾清宫，以南为前朝，以北为内廷。前朝和内廷的建筑无论从风格和功用上均不相同。前朝高大宽敞，富丽堂皇，是皇帝会见群臣、处理政事、举行重大庆典的地方；而内廷的房间相对狭小紧凑，是皇帝皇后及嫔妃生活起居的地方，并且后廷宫院等级分明，都体现在建筑规模、形式、间数、层顶装饰及所在位置上。

故宫的前朝包括最南端的午门，后面的太和门及所谓三大殿——太和殿、中和殿、保和殿。

保和殿北面就是故宫的“内廷”，这里是真正的皇家禁苑。从前到后包括乾清宫、交泰殿、坤宁宫、御花园。

乾清宫是进入乾清门内的第一个内廷大宫殿，正中设有宝座，分东西暖阁，是明、清两个朝代皇帝的寝宫和日常活动的场所。明代皇帝14位都住在乾清宫。清代皇帝自乾隆起住到了养心殿，后来便一直住在那里。但有一项惯例没有改：皇帝无论驾崩在哪里，遗体必须停放在乾清宫，以示“寿终正寝”，因此乾清宫仍是皇帝的“正寝之所”。

坤宁宫建于明永乐年间（1403～1424）。清顺治二年（1645）则按满族的风俗习惯重新改建，宫内格局完全依照沈阳清朝故宫清宁宫的样式布置。内有东暖间，这是皇帝大婚的洞房。坤宁宫与乾清宫的名字和功用都是对应的。易经中，乾对天，主阳；坤对地，主阴。清、宁二字都是安定、祥和的意思。坤宁宫在明代就是皇后的寝宫。虽然到了清代，情况有所改变，但坤宁宫仍是“正宫”。

紫禁城历经500多年，是封建社会帝王统治的历史见证，其传统的建筑艺术和丰富的珍贵的历史文物，更是劳动人民智慧的结晶。

天坛
Temple of Heaven

天坛是中国现存规模最大的坛庙建筑群，它是封建政权和神权相结合的产物，它独特、优美的建筑风格，在世界上是绝无仅有的，是中华民族留给世界建筑史上的一大奇迹。

★名称：天坛
★位置：北京
★面积：27平方千米

天坛是明清两代帝王祭天祈谷、夏至祈雨、冬至祭雪的圣地，是中国现存最大的一处坛庙建筑，始建于明永乐十八年（1420），原名“天地坛”。因嘉靖九年（1530）立四郊分祀制度，于嘉靖十三年（1534）改称天坛，后又经清乾隆、光绪帝重修改建后，才形成天坛现在的格局。天坛占地2.73平方千米，比北京故宫还大2倍多。二重垣墙，形成内外坛，垣墙南方北圆，象征天圆地方。圜丘坛在南，祈谷坛在北，二坛同在一条南北轴线上，中间有墙相隔。圜丘坛内主要建筑有皇穹宇等，祈谷坛内主要建筑有祈年殿、皇乾殿、祈年门等。

圜丘坛是皇帝祭天活动的场所，又叫“祭天坛”、“拜天坛”、“祭台”。始建于明嘉靖九年（1530），清乾隆十四年（1749）扩建。坛的外面有两道土遗墙，第一重为方形，第二重为圆形，象征“天圆地方”。

天坛位于紫禁城东南方，规模宏大，气势非凡。

中国古代认为9为数之极，是最尊贵的象征，因此，圜丘坛的建筑与9关系极为密切。圜丘坛的中心是一块圆形大理石（称作天心石）。在中心面向外，3层台面每层都铺有9环扇面形状的石板，上层第1环为9块，第2环为18块，第3环为27块，到第9环为81块；中层从第10环的90块到第18环的162块；下层从第19环的171块到第27环的243块。3层总计是378个9，共3402块，象征九重天。圜丘坛四周长160.2丈，总高度5米，分上中下三层，下层直径70米，中层直径50米，下层直径30米，3个数相加等于150米（合45丈），刚好合了“九五之尊”的说法。四面石栏上雕刻花纹的石板数也有规定的数目，第一层每面栏板45块，四面共180块，由20个9组成；第二层每面栏板27块，四面共108块，由12个9组成；第三层每面栏板18块，四面共72块，由8个9组成。3层台面的栏板总数为360块，正合历法中一“周天”的360°。

圜丘坛北面就是皇穹宇。皇穹宇是供奉皇天上帝和皇帝祖先牌位的地方。它的门楼、墙顶、殿瓦、殿顶，在明朝全用绿色琉璃瓦，清乾隆十七年（1752）重修时，将门楼、殿瓦、墙顶全都换成蓝琉璃瓦，围墙的墙身则用蓝色玻璃砖嵌砌。皇穹宇周围的围墙呈圆形，表示天象。墙面整齐光滑，弧度规则，是天坛中著名的“回音壁”。

从皇穹宇出来，沿丹陛桥向北直通祈年殿。祈年殿是一座有镏金宝顶，3层重檐的圆形大殿，采取上屋下坛的构造形式，是昔日北京城最高的建筑之一。整座祈年殿高38米，直径30余米，三层殿顶均覆以深蓝色的琉璃瓦，呈放射状，逐渐收缩向上，这种奇

天坛祈年殿是一座镏金宝顶、蓝瓦红柱、金碧彩绘三重檐的圆形殿宇，是明清两代皇帝祈谷的圣地。

特的造型给人一种拔地而起，高耸入云的感觉。祈年殿是全木结构建筑，28根大柱支撑着整个殿顶的重量，中间4根支柱称通天柱，又名“龙井柱”。三层殿脊以鎏金斗拱作支撑、卯榫交叉，独具匠心。殿内梁枋大木和天花，均采用龙凤合玺彩画，装饰精美。

祈年殿的前身是“大祀殿”，是合祀天地神的地方。乾隆时大修后改为祈年殿，专祀“皇天上帝”，因此，大殿按敬天祈神的规格而建。殿为圆形，象征天圆。瓦用蓝色，象征蓝天。殿正中有4根高大的通天柱，象征一年有春、夏、秋、冬四季。中层有金柱12根，象征一年的12个月。外层的12根檐柱，象征一天的12个时辰。中、外层相加24根，象征一年的24个节令。3层相加共28根，象征周天二十八星宿。再加上顶部8根童子柱，为36根柱，象征36天罡。大殿宝顶中心的雷公柱，象征着皇帝的“一统天下”。

天坛，是中国明清时代最神圣的地方，因为它象征着皇天。天坛以其恢宏并且具有高度艺术成就的建筑，一直以来震撼着前来游览的人们的心灵。

布达拉宫
The Potala Palace

布达拉，是梵语中观音地“普陀洛迦”的音译，意思是“佛教圣地普陀山”。作为昔日历世达赖喇嘛的“冬宫”和西藏地方政教合一政权的中心，布达拉宫是西藏地区现存最大、最完整的宫堡式建筑群，也是地球上海拔最高的大型古代宫殿。

★名称：布达拉宫
★位置：西藏

关于布达拉宫的记载，最早可追溯到公元6世纪，当时雅砻部落第27代赞普拉托托日年赞称：“居拉萨红山之顶”。公元7世纪初，吐蕃第32代赞普松赞干布迁都拉萨后，“筑王宫于红山顶居之”。不久，又大兴土木，建一座更大的城堡，“高达三十围墙，既高且阔，每边一里余”。城内红宫九百间，合顶上之王宫，共1000间。但不幸的是，这座美丽的宫殿并没有能够完整地保存下来。据藏文史书《如意宝座》所述，在公元8世纪赤松德赞时期，布达拉宫曾遭雷电被击毁。又据《卫藏通志》载：“后因藏王微松作乱，官兵拆毁布达拉宫，仅剩观音佛堂一所。”也就是说，这座先人奇迹般建造起来的建筑群，先是遭雷击失火，继而毁于兵燹。早期建筑的遗迹，仅剩下“曲杰竹普”（法王洞）、“帕巴拉康”（超凡佛殿）两处了。松赞干布、文成公主和赤尊公主等人物的塑像，亦是当年幸免于难的余存。

布达拉宫是集行政、宗教事务于一体的综合性建筑，它由白宫、红宫和其他附属性建筑组成。

一直到公元17世纪中叶，五世达赖阿旺罗桑嘉措才开始对久已失修的布达拉宫进行重建。

五世达赖喇嘛阿旺罗桑嘉措，生于1617年。1624年，他建立了黄教的噶丹颇章政权，1645年，其开始重新大规模修缮布达拉宫的白宫部分。

1652年，五世达赖应邀觐见顺治皇帝，被册封为“西天大善自在佛所领天下释教普通瓦赤喇怛喇达赖喇嘛”，授予满、汉、蒙、藏4种文字的金册、金印。自此以后，“达赖喇嘛”这一封号和达赖在西藏政治、宗教上的地位才正式确定下来。白宫竣工后，五世达赖喇嘛便从哲蚌寺的噶丹颇章宫移居至白宫顶上的森琼尼威宫。五世达赖晚年专心著作，1682年圆寂于布达拉宫。

1690年2月，摄政第巴桑结嘉措在五世达赖喇嘛圆寂后的第8年，着手建造五世达赖灵塔，并扩建红宫和朗杰扎仓等建筑。经过3年浩浩荡荡的施工，于1693年（藏历水鸡年）完工，当年藏历4月20日举行了隆重的红宫落成典礼，并在宫下立一无字石碑，以示纪念，此碑至今完好无损。宫殿内部和一些附属建筑物则到1696年才全部建成。此后，历辈达赖均予以维修和少量增建。到十三世达赖喇嘛土登嘉措时，又掀起了一次扩建高潮。十三世达赖喇嘛圆寂之后，1936年在红宫之西建造了格列顿觉（吉祥如意）殿，安放十三世达赖灵塔。至此，布达拉宫才基本具有现在的完整规模。

布达拉宫按照红山的自然地形由南麓梯次修到山顶，海拔为3763.5米，主楼高115.7米，其中红宫外显13层，宫内实具9层之高，东西白宫最高处达7层。布达拉宫东西长360多米，南北宽270米，总建筑面积13万平方米，建筑群占地36万平方米。

布达拉宫在拉萨城北的普陀山上。

整个宫殿建筑为土石木结构，是由多层的矩形平面毗连而成，层次错落，平面组合十分复杂，其建筑结构充分体现了邸宅与碉堡相结合的藏族建筑的传统风格。宫殿的外部颜色是明亮的白、黄、红三色，与佛教传统密切相关。白色象征恬静、和平；黄色象征圆满、齐备；红色象征威严、力量。

布达拉宫不仅是藏式建筑工艺的典范，同时还是藏族艺术精品和珍贵文物的宝库。走进布达拉宫，幽深的廊道，错落有致的殿堂，金光四溢的灵塔，数不尽的珍宝、佛像，看不完的壁画、唐卡……仿佛走进了西藏的千年历史长河。体验藏族建筑的独特意境，欣赏璀璨绚美的艺术珍品，谛听慈爱的祝祷与唱颂，感悟精神世界的纯洁与宁静，这一刻西藏千年的历史，似乎全部浓缩在了这里。

承德避暑山庄

Mountian Resort in Chengde

避暑山庄一度成为清王朝的第二政治中心，以其气势宏大的建筑与其深厚的政治、文化内涵，一直受到人们的珍视。1994年，世界遗产委员会高度评价避暑山庄及周围庙宇，将其列为世界文化遗产。

★名称：避暑山庄
★位置：河北
★别名：承德离宫/热河行宫

避暑山庄又称热河行宫或承德离宫，占地约54.6平方千米，是中国最大的皇家园林，原是清代皇帝避暑和处理政务的地方。避暑山庄的兴建和清代政治关系颇深。

17世纪下半叶，康熙皇帝为了加强北部边疆的管辖，实行每年一次北巡，与蒙古王公贵族进行富有政治意义的狩猎活动，以联络感情，巩固政治统治。于是，自康熙四十二年（1703）开始，在承德营建行宫。初步建成于康熙四十七年（1708）。避暑山庄建成后，康熙每年陪太后携儿孙居住在这里将近半年，届时各个蒙古王公都到这里拜谒康熙，参加围猎，接受赏赐，此举有效地联络了与蒙古各部的感情。

康熙还亲自给避暑山庄四字题名了36处胜景。后来乾隆对避暑山庄进行了大规模扩建和改造，使庄内主要景观超过了72处，但为了不超过其祖父的36处，乾隆对其中的36处进行了三字题名，共得72景。避暑山庄于乾隆五十五年（1790）完工。

烟雨楼在如意洲北侧的青莲岛上，系仿照浙江嘉兴南湖的烟雨楼而建。每逢阴雨时节，雨雾如烟，如入画中。

避暑山庄有宫墙一万米，宫墙形似长城。墙内分宫殿区和苑景；墙外星罗棋布着宏伟壮观的寺庙群，共有12座寺庙，其中的8座由清政府直接管理，故被称为“外八庙”。

宫殿区在山庄的南部，是清代皇帝在庄内处理政务、举行庆典、会见外国使臣和帝后居住的地方，

须弥福寿之庙内的妙高庄严殿为重檐尖屋顶，上覆鱼鳞镏金铜瓦，殿脊8条腾龙欲飞。

包括正宫、松鹤斋、万壑松风、东宫四组宫殿建筑。

宫殿区的最南端是丽正门，丽正门是山庄的正门。过了丽正门，再经阅射门就见“避暑山庄”4个大字高悬。这4个字是康熙皇帝亲笔书写的。接着便是重重院落组成的正宫了，正宫共有9间建筑，显示皇帝“身居九重”。正宫主要有淡泊敬诚殿、四知书屋、烟波致爽殿、云山胜地楼等。

淡泊敬诚殿是正殿，殿名取自诸葛亮名句“非淡泊无以明志，非宁静无以致远”。淡泊敬诚殿面阔7间，进深3间，单檐歇山顶，布瓦顶，整个大殿的全部构件均用珍贵的楠木制成，古朴典雅，芳香浓郁。乾隆四十五年（1780），皇帝曾在这里会见了西藏政教首领六世班禅额尔德尼，使西藏与清政府的关系更加密切。

如意岛是湖区中最大的一岛，坐落于整个湖区的最高点澄湖东岸，有延薰山馆、一片云、沧浪山岛等12个景点。延薰山馆在如意岛中部，是一组西湖三进院落，第一进是无暑清凉，是康熙36景中的第三景。延薰山馆是歇山卷棚顶建筑，大殿面宽7间，两侧配殿各5间，是康熙早期处理国务、接见使臣的地方。

湖区北部，即是平原区，有一片面积千余亩的平原。这里榆树茂密，牧草丛生，羊群出没，一派北国风光。这里有文津阁、万树园、永佑寺、千尺雪等建筑。

文津阁占地约3600平方米，始建于乾隆三十五年（1770），仿浙江范氏天一阁藏书楼兴建。外观是两层重檐，内部三层结构；阁前有台，台下是水池。文津阁曾藏有《四库全书》一部，它与北京故宫的文渊阁、圆明园的文源阁、沈阳故宫的文溯阁统称“北方四阁”。

山区中的梨树峪主要以梨树见胜。松林峪是梨树峪的支峪，一眼望去，松林遍谷，山泉野涧汩汩流水不绝。两峪之间主要有澄泉绕石、梨花伴月、四面云山等景点。澄泉绕石，可见亭下泉水不断从岩缝涌出。行至北山坡，又是一组布局严整的建筑群，门殿3楹，3层殿阁，四周回廊环抱，殿外有廊、廊外有殿，素瓦盖屋，周围遍植梨树，这便是梨花伴月。

避暑山庄曾经一度成为清王朝的第二政治中心，然而乾隆皇帝之后，清朝的皇帝们逐渐远离了这座行宫，但是，避暑山庄气势宏大的建筑与其深厚的政治文化内涵，一直为人们所珍视。

孔庙、孔府、孔林

Temple of Confucius in Qufu

孔庙是公元前478年为纪念孔子而兴建的，到今天已经发展成具有超过100座殿堂的建筑群。孔林不仅容纳了孔子的坟墓，而且孔子的后裔中有10万多人都葬在这里。孔府已经扩建成一个庞大的府邸，整个宅院有152座殿堂。

★名称：孔庙、孔府、孔林
★位置：山东
★别名：衍圣公府

孔庙位于曲阜城南门内，是为纪念中国儒家学派创始人孔子而建。孔府也叫衍圣公府，是孔子嫡长孙的府第。孔林也叫圣林，是自孔子之后孔家子孙的墓地。

孔庙平面呈长方形，南北长约1300米，总面积13.3万平方米，共有九进院落，贯穿在一条南北向的中轴线上，对称排列。孔庙群的布置属于“方根”体系，由大方小方、前后左右庭院，有机组合成为建筑空间的整体。仿皇宫的体制，分成中、东、西三路布局。

孔庙的建筑主体是大成殿，是历代皇帝祭孔子的地方，位于孔庙中央。唐代称为文宣王殿，宋徽宗赵佶尊孔子“集古圣先贤之大成”，更名为大成殿。雍正年间毁于雷火，后经雍正皇帝特许仿故宫太和殿形式重新修建。大成殿高31.8米，殿基占地1836平方米，殿内有28根擎檐石柱，每根高6米，径长0.8米，正面并立10根，每根深刻两条巨龙盘旋腾空的浮雕，追戏火焰宝珠，精巧绝伦。殿内高悬“万世表”等10幅巨匾，系乾隆手书。

大成殿和北京故宫太和殿，泰山天贶殿并称中国“古代三大殿”。

孔府位于曲阜城中

心孔庙的东侧，占地面积约1.6平方千米，有楼房厅堂共463间，九进院落，三路布局。孔府与孔庙相比，风格较朴素，屋顶用青瓦，梁柱用黑漆，彩绘也不是最高制。东路为东学，是衍圣公习读的地方，西路便是西学，是衍圣公会客的地方。

孔府的主体部分在中路，分前衙与后宅两大区。孔府大门坐北朝南，宽3间，深2间。门前左右有雌雄双狮，大门正中上方高悬蓝底金字“圣府”，由明代权相严嵩题笔。两旁悬挂金字对联“与国咸休，安富尊荣公府第；同天并老，文章道德圣人家”，出自清代才子纪昀的手笔。

孔林位于曲阜城北门外，城门至孔林之间有一条著名的林道（亦称神道），全长1266米，两旁苍松翠柏，夹道而立。中跨“万古长春”坊，坊东西各有一碑亭，东为《大成至圣先师孔子神道》碑，西为《阙里重修林庙》碑，均是明万历二十二年（1594）所立。林道尽头即是孔林大门，正中有“至圣林”3个金字。孔子墓在孔林的中心部位，墓上封土高约4米，总高6.2米，周围88米。

孔庙、孔府、孔林，保存下来的古建筑群和大量珍贵文物，集人文、建筑和自然之美，是中国古代推崇儒家思想的象征。

孔庙依照皇宫的规格而建，与北京故宫、河北承德避暑山庄并称中国三大古建筑群。

武当山古建筑群

Ancient Building comblex in Wudang

武当山古建筑群中的宫阙庙宇集中体现了中国元、明、清三代世俗和宗教建筑的建筑水平和艺术成就。古建筑群坐落在沟壑纵横、风景如画的湖北省武当山麓，在明代逐渐形成规模，其中的道教建筑可以追溯到公元7世纪，这些建筑代表了近千年的中国艺术和建筑的最高水平。

★名称：武当山古建筑群
★位置：湖北

武当山又名太和山，面积约40万平方米。它兼有五岳之雄、奇、险、秀、幽，有72峰、36岩、24涧、11洞、3潭、3泉、10石、5台等自然胜景。主峰天柱峰立地顶天，海拔1612米，素有“一柱擎天”之誉。相传道教所尊奉的玄武神，即真武大帝，曾在此修炼42年而得道飞升，故后世易名武当山，意谓“非真武不足当之”。武当山是中国第一大道教名山，有“天下第一仙山”之称。

道家崇尚自然，追求清静无为、遁世隐修的生活。为了长生不老、得道成仙，达到隐者修行的最高境界，道士们采药炼丹，而那些灵花仙草也只有深山老林才容易采到。所有这些，都让道家与山结下了不解之缘。自古以来，风景优美、物产丰富的武当山就是道家理想的修行宝地。

武当山金殿下的紫金城。紫金城长约1500米，由巨大的长方形条石依山势垒砌而成。

南岩宫又名独阳岩、紫霄岩，是中国少见的石结构宫殿，相传为真武大帝得道飞升之地。

武当山大规模的道观始建于唐代。自唐朝初期李渊登基称帝开始，李渊为提高他的威望，就宣扬他是道教始祖老子李聃的后裔，在全国范围大兴土木建造道观，大力弘扬道教显灵功德。

唐贞观年间（627~649）遇大旱，唐太宗李世民派遣均州吏姚简赴武当山祈雨，此后又命令姚简在武当山建五龙祠，这可看成是武当山道教的开山道观。以后宋、元各代都有增建和扩建，道观规模日益扩大。到元代末，大部分毁于战火。

武当山道教发展达到鼎盛，主要是因为明成祖朱棣对道教的重视，他是历代营建武当山道观数量最多的一个皇帝。

明成祖朱棣，是明太祖朱元璋第四个儿子，建文元年（1399），其发动“靖难之役”，以武力从他侄子手中夺取了帝位，自立为永乐皇帝。藩王起兵无异于造反，政治舆论对他十分不利，所以从起兵之始，他就在军师姚广孝的帮助下，制造了一系列真武“显彰圣灵，始终佑助”的神话，给自己蒙上了一层天意神授的色彩。

永乐皇帝在圣旨里说得很明白：“至我朝，真武阐扬灵化，荫佑国家，福庇生民，十分显应。我自奉天靖难之初，神明显扬，威灵感应之多，言说不尽。”为答谢真武佑护之德，朱棣在北京城建起了真武庙，又在紫禁城的御花园中建造钦安殿，专门奉祀真武，甚至在他坐朝的奉天殿两壁斗拱间也画了真武像。对真武得道之地武当山，朱棣更是恭敬有加，称武当真武神为“北极镇天真武元天上帝”，称武当山为“大岳太和山”。

永乐十年（1412）朱棣遣隆平侯张信、驸马都尉沐听、礼部尚书金纯、工部右侍郎郭王进等率30余万军民工匠，用了12年工夫，在元代旧址上，建成9宫9观等33处宏伟的道教庙宇。各处设计布局，均按明朝永乐皇帝的意旨，根据《真武经》中真武修真的神话故事，采取皇宫建筑款式统一设计建造。其规模的大小、间距疏密的布局，做到时隐时现，若明若暗，先抑后扬，迂回曲折，前呼后应，玄妙超然，充分显示出神权的神奇和皇权的崇高威武，从而创造出自然美与人文美相结合的高度协调景观。正如明代的洪翼圣所说：“五里一庵、十里一宫，丹墙翠瓦望玲珑。”其工程之大，耗费之巨，不亚于北京紫禁城的修建，明朝人称之为“成旷世之极盛，万古之奇观也”。

整个武当建筑群荟萃了中国古代优秀建筑范式，体现出道教的玄妙、皇宫的宏伟、环境的原始、民风的淳朴等多种特色，形成了丰富多彩的建筑风格，被认为是中国古代劳动人民在建筑史上的一个伟大的创举，是古代规划、设计、建筑的典范。

云冈石窟

Yungang Grottoes

石窟艺术是建筑、雕塑、绘画等艺术的综合体，在中国具有悠久的发展历史。云冈石窟以造型美丽雄伟著称，历史悠久，规模宏大，早已成为中外人士熟知的旅游胜地，是一座旷世无双的艺术宝藏。

云冈石窟，已有1500多年的历史。始建于北魏建都平城（今山西大同）的时代，由当时的佛教高僧昙曜奉旨开凿。大多数石窟完成于北魏迁都洛阳之前，历时40年，参加开凿人数多达4万余人。就连当时狮子国（今斯里兰卡）的佛教徒也参与了这一举世闻名的伟大艺术创作，至今，仍留有中外文化交流的足迹。北魏著名地理学家郦道元在《水经注》中记录了当年云冈石窟的壮景："凿石开山，因岩结构，真容巨壮，世法所希。山堂水殿，烟寺相望，林渊锦镜，缀目所眺。"

云冈石窟，现存洞窟45个，石雕造像达5.1万多尊，是中国最大的石窟群之一。在武周山南崖，东西伸展1000米，云冈石窟的佛龛，如蜂窝密布，大、中、小石窟疏密有致地嵌贴在云冈半腰。这里石佛聚会，石人、石马、石刻浮雕群集，真可谓艺术家的乐园。

云冈两道山麓，把石窟分成东区、中区和西区。一、二窟位于石窟群东端，这里风化比较严重，只有第一窟东壁后下部浮雕仍保存较完整，两窟同期开凿，窟内布局大致相同。

第三窟，是云冈最大的石窟，前面断崖高25米，中上部凿有12个长方形石孔。这里分为前后两室，后室内有一佛二菩萨雕像。这些雕像体态自然，衣纹流畅，面容丰满，从雕刻手法判断，此窟应为隋唐时期作品，反映了隋唐时期的衣冠服饰和造像风格。

第四窟，平面呈矩形，中央雕方形立柱，窟前是清顺治

第五窟中的坐佛像。云冈第五窟，又名佛洞。洞门左侧，雕着一棵菩提树，树下雕有两尊对坐的佛像，二者都仿佛沉浸在思索之中。图中佛像即为两佛像之一。

八年（1651）建造的4层木构，顶饰琉璃，颇为华丽。窟内中央端坐佛像一座，高达17米，是云冈石窟中最大、保存较完整的雕像。这尊佛像，膝上可站立120人，一只脚上可站立12人。

第六窟，中央是连接窟顶的两层高达15米的塔柱。每层四面雕有塑像，周壁雕满佛、菩萨、罗汉、飞天的造像。窟顶刻有33天神像和各种骑乘。壁上和塔柱四面，雕刻着释迦牟尼从诞生到传教的故事，雕工精细、娴熟，是云冈诸窟中具有代表性的洞窟。

第十三窟中的交脚弥勒佛像高12米多，端坐于正中，在其右臂与腿之间雕有一托臂力士像，非常特别，为云冈石窟中仅有的一例。

第七窟，窟前建有三层木构的窟檐。窟内分为前后两室。后室正壁上层中刻有菩萨坐于狮子座上。东、西、南三面壁上，布满雕刻的佛龛造像，南壁门拱上的6个供养菩萨，形象优美逼真。

第八窟，与第七窟相似，窟内西侧刻有五头六臂的鸠摩罗天，东侧刻有三头八臂骑牛的摩首罗天，这种雕像在云冈石窟中极为罕见。

第九窟，有前后两室，前室门拱两柱为八角形，室壁上刻有佛龛、乐伎、舞伎，造型生动，飞天、乐舞伎动作优美，造型别致。

第十窟，与第九窟同时开凿，分前后两室。前室有飞天，体态优美，比例协调。

第十一窟，窟中央雕有直达窟顶的方形塔柱，柱四面有佛像。正面菩萨像保存完好，其他壁上满刻佛龛造像和小佛。

第十二窟，正壁上端刻有伎乐天人，手执弦、管、打击乐器，这些古典乐器形状十分奇特，是研究中国音乐史的珍贵资料。

第十三窟，正中端坐一尊交脚弥勒佛像，高12米多，右臂与腿之间雕有一尊托臂力士像，这是云冈石窟仅有的一例。

云冈石窟，气魄宏大，外观庄严。在这1000米的石雕群中，雕像大的几十米，小的几厘米，形态、神采都很动人。这些佛像、飞天，供养人面目、身上、衣纹上，都留有古代劳动人民的智慧与艰辛。这些佛像与乐伎刻像，还明显地流露出波斯色彩，这是中国古代人民与其他国家友好往来的历史见证。

云冈石窟用艺术形式记载了佛教，赞美了佛教。这无疑是对当时石刻文化的大检阅、大展示，由此推动了石刻艺术向着更高层次发展和升华，形成石刻艺术与佛教文化的完美结合。

龙门石窟

Longmen Grottoes

龙门石窟位于河南省洛阳城南12千米处，龙门峡谷东西两崖的峭壁间。与大同云冈石窟、敦煌千佛洞石窟并称为中国三大石窟。那里保留着大量的宗教、美术、书法、音乐、服饰、医药、建筑和中外交通等方面的实物史料，因此堪称一座大型石刻艺术博物馆。

★名称：龙门石窟
★位置：河南

龙门石窟始开凿于北魏孝文帝迁都洛阳前后，历经东西魏、北齐、北周，到隋唐至宋等朝代又连续大规模营造达400余年之久。龙门石窟密布于伊水东西两山的峭壁上，全长1000多米，现共存佛洞、佛龛2345个，佛塔40多座，佛像10万多尊。其中最大的佛像高达17.14米，最小的仅有2厘米。另有历代造像题记和碑刻3600多篇，这些都体现了中国古代劳动人民极高的艺术造诣。

古阳洞是龙门石窟中开凿最早的一洞，洞内造像众多，琳琅满目。

龙门石窟群，大部分集中在伊水西岸的崖壁上，其中有大型洞窟29个；伊水东岸崖壁上全是唐代窟龛，其中有7个大型洞窟。在龙门石窟中，北魏时期（420~534）的洞窟具有代表性的有古阳洞、宾阳中洞、莲花洞、普泰洞、魏字洞和石窟寺等；东魏时期（534~549）窟龛具有代表性的有路洞和一些小龛；北齐时期（550~577）作品具有代表性的要算药方洞和一些小龛造像；隋代（581~618）作品的代表是宾阳南洞北壁的梁佩仁造像龛等；唐

代（618~907）的洞窟，具有代表性的有潜溪寺、宾阳北洞、敬善寺、万佛洞、惠简洞、赵客师洞、奉先寺、龙华寺、极南洞以及东山的看经寺、擂鼓台诸洞。

龙门石窟中潜溪寺是人们最先到达的一个洞窟。它又名斋跋堂，开凿于初唐。由于寺下有泉迸流，故名潜溪寺。其洞中刻一佛、二弟子、二菩萨和三天王。二菩萨丰满圆润，造型敦厚，双目炯炯有神，十分出色。

宾阳洞有3窟，开凿时间长达24年之久，洞中佛像体现了北魏、隋唐等不同时代的艺术风格。宾阳洞一般是指宾阳中洞。宾阳洞洞窟正壁刻主像释迦牟尼，左右两边有弟子、菩萨侍立，佛和菩萨面相清瘦，目大颈平，衣锦纹理周密刻画，有明显西域艺术痕迹。窟顶雕有飞天，挺健飘逸。据说，洞口两壁上还有一幅浮雕“帝后礼佛图”，造型别致，构图美妙，后被盗凿。

卢舍那大佛，作于唐高宗咸亨四年（673），位于洛阳龙门西山南部山腰奉先寺，是龙门石窟中最大最美的佛像。

万佛洞在宾阳洞南边，洞中刻像丰富，南北石壁上刻满了小佛像，很多佛像仅几厘米高，共计1500多尊。正壁菩萨像端坐于束腰八角莲花座上，束腰处有四力士，肩托仰莲。后壁刻有莲花54枝，每枝花上坐着一菩萨或供养人，壁顶上浮雕伎乐人，个个婀娜多姿，形象逼真。洞口南壁上还有一座观音菩萨像，手提净瓶，体态圆润丰满，姿态优美，特别传神。

奉先寺是龙门唐代石窟中最大的一个石窟，此窟开凿于唐代武则天时期，历时3年。洞中佛像体现了唐代佛像艺术特点，面形丰肥、两耳下垂，形态圆满、安详、温存、亲切，极为动人。

石窟正中卢舍那佛坐像为龙门石窟最大佛像，身高17.14米，头高4米，造型丰满，仪表堂皇，衣纹流畅，具有高度的艺术感染力。卢舍那佛像两边还有弟子、菩萨、天王、力士等造像，二弟子迦叶和阿难，形态温顺虔诚；二菩萨文殊和普贤，神情和善开朗；天王手托宝塔，显得魁梧刚劲；而力士像更为动人，只见他右手叉腰，左手合十，威武雄壮。

龙门石窟虽然是佛教文化的艺术表现，但它也折射出当时的政治、经济和社会文化风尚。龙门石窟为研究北魏到唐、宋这一时期的历史、文化、民俗及雕刻、绘画、建筑、服饰、乐舞、书法、医药以及中外友好往来和文化交流的历史，提供了极为珍贵的资料，不愧为一座丰富多彩、包罗万象的博物馆。

大足石刻

Dazu Rock Carvings

大足石刻注重阐述哲理、社会思想，把佛教的基本教义与中国儒家理论、心性以及道教学说集于一体，显示了中国民族化、世界化的重要特征。大足石刻突破了一些宗教的约束，使造像更具人性化，生动活泼地反映了现实生活。

★名称：大足石刻

★位置：重庆

大足县位于四川盆地东南，距成都270千米，建县始于唐乾元年间（758~759），其县名“大足”为“大丰大足”之意。大足石刻开凿于唐永徽元年（650），历经晚唐、五代，盛于两宋，延续于明清，现有公布文物保护单位的摩崖石刻造像5万余尊，铭文10万余字，遍布大足县100多处地点。大足石刻以佛教造像为主，兼有儒、道造像，有着不同于早期石窟艺术的特征。

在大足县众多的石刻造像群中，北山、宝顶山、南山、

石门山、石篆山造像被列为全国重点文物保护单位，它们无疑是其中规模最大、艺术最精美、最有价值的代表。

北山第136石窟普贤菩萨像

北山石刻距大足县城北0.5千米，开凿在北山之巅，长度超过500米，形若新月，龛窟如蜂房，分南北两区。有营盘坡、观音坡、北塔寺、佛耳岩等5处。造像细腻精美，技艺娴熟巧妙，雕刻石像近万尊。除部分碑刻、塔幢和浅小龛窟残毁外，其余均保存完好。

北山佛湾中部集中了北宋雕塑造像的精华。由于当时菩萨信仰盛行，因此，这些造像中最优秀的作品大多是菩萨像。由于观音这位阿弥陀佛座下的上首菩萨，极具慈悲心，只要口诵其名号，就会化难成吉，因此大受人们信仰奉敬。因而，在北山菩萨造像中，华土式的女性观音菩萨尤为出色，这是佛教在市民文化熏陶之下更加世俗化的结果。唐代的观音菩萨造像如同贵族名媛般雍容尊贵，到了宋代，观音菩萨们则带上了平民女性的仪态风神。

大足地区险峻山崖上的这些石刻以其极高的艺术品质、丰富的题材闻名遐迩，成为石窟建筑中的代表作品。

北山第136石窟为宋代石刻的精品之作，窟内造像优美典雅，具有十分明显的中国化特点。

苏州园林

Classical Gardens of Suzhou

没有哪些园林比苏州园林更能体现出中国古典园林设计的理想品质。咫尺之内乾坤再造，苏州园林被公认是实现这一设计理想的典范。这些建造于11世纪到19世纪的园林，折射出了中国文化中取法自然又超越自然的深邃意境。

★名称：苏州园林
★位置：江苏

最早的苏州园林可上溯到公元前6世纪春秋时的吴王园囿，私家园林最早见于记载的是东晋的辟疆园。据《苏州府志》，苏州园林在周代有6处，汉代4处，南北朝14处，唐代7处，宋代118处，元代48处，明代271处，清代130处。至今仍保存并开放的有十几处。

与西欧古典主义园林对称的布局、整饬的建筑格局相异，中国园林则追求因地制宜，顺其自然，循例自然。园林布局变化多端，用建筑、花木、围墙、假山来阻隔视线，同时又用曲廊、虹桥、幽径、漏窗、池水使视线不断，而又令人几经周折不能窥得其全貌。山径、石路、溪流都是委婉曲致，景色自是连绵不断，但在一个位置上只能清晰地看见景致的一部分，其他的则若隐若现，美妙极致的景色似乎总在未到的地方招引着你去欣赏。

拙政园占地51950平方米，是苏州古典园林中最大的一座。拙政园布局以水池为中心，水面占到全园面积的3/5。

网师园花窗小景。花窗与窗外的风景相映衬，精致巧妙，手法写意，给人以一种强烈的诗情画意之感。

拙政园是苏州最大的园林，占地51950平方米，它与北京颐和园、承德避暑山庄、苏州留园并称为中国四大园林，主要代表明代风格。

拙政园位于苏州娄门东北街，初为唐代诗人陆龟蒙的住宅，元代为大宏寺。明嘉靖正德年间，监察御史王献臣弃官还乡而改其名为拙政园，取晋代潘岳《闲居赋》：“筑室种树，逍遥自在，灌园鬻疏，以供朝夕之膳……此亦拙者之政也”之意。王献臣死后，儿子将园林赌输。后来几度易手，清同治十年（1871），巡抚张之万恢复拙政园旧时的名称，并把西边的补园与东边的归田园居并入拙政园内，使其成为苏州最大的园林。

拙政园以山水并重，水面占全园面积的3/5。总体布局以水池为中心，楼、台、亭、榭沿池畔而建，整座园林如浮在水上。就简略繁，实中有虚，虚中有实的艺术手法，巧妙地把平淡景观渲染出绚烂之盛的深邃意境。粼粼池水中，遍种莲花，许多堂、亭、轩都结合莲花命名，如远香堂、荷风西亭等，可以说拙政园是个观赏莲花的好去处。园中建筑朴素、平淡而隐有天真开朗的风格，颇合拙政之名。

留园地处苏州市阊门外留园路，占地约20000平方米。明万历年间（1573~1619）太仆寺少卿徐泰营造东西两园。清乾隆末年，东园为刘恕所得，嘉庆三年（1798）重修取名寒碧庄，俗称刘园。光绪二年（1876），官僚盛康据有此园，加以扩建，取刘字谐音，改名为“留园”。

留园分为中、东、西三部分。中部为东园与寒碧庄旧址，是全园的精华。这里有清池一泓，池西北山丘高低起伏，老树浓荫，池东南的清风池馆、濠濮亭、涵碧山庄、绿荫轩等错落有致，虚实相间；在池水周围的长廊上嵌刻历代书法家的300多幅法帖，称为“留园法帖”，其中，最为著名的是王羲之、王献之父子的法帖。

苏州其他古典名园也各著其美，如网师园、沧浪亭、狮子林、艺圃、耦园、退思园，或以叠山理水胜出，或以因借布局构奇，或以意境深远显长，不一而足。其园林中种种深幽情致，笔力难述，必须去亲历体验方能窥得其中奥妙。

颐和园

Summer Palace

颐和园博采各地造园手法，既有北方山川的雄浑宏阔，又有江南水乡的清丽婉约，并蓄帝王宫室的富丽堂皇和民间宅居的精巧别致，成为中国最著名的古典园林。

★名称：颐和园
★位置：北京

清朝定都北京后，政府努力开发西郊园林风景区。乾隆十五年（1750），乾隆为筹备庆祝其母60岁寿辰，在瓮山上将原来的圆静寺扩建为大报恩延寿寺，于第二年将瓮山改为万寿山，瓮山泊也改为昆明湖。光绪十四年（1888），清漪园改名为颐和园。光绪二十六年（1900），八国联军侵入北京，颐和园遭到野蛮破坏。中华人民共和国成立后，政府拨专款修缮，遂成如今景象。

现在的颐和园面积290多万平方米，湖水面积占全园面积的3/4。各种形式的宫殿园林建筑3000多间，分为勤政、居

住、游览3个区域。主要建筑有佛香阁、排云殿等，都是清末木结构建筑的代表作。

勤政区以仁寿殿为中心，正对颐和园的东门。仁寿殿原名勤政殿，这是乾隆时期的规定，凡是园内都要设“勤政殿”，专为在园内与大臣们处理国事。玉澜堂位于昆明湖畔，在仁寿殿之后。乾隆皇帝曾在此处宴请过大臣，此处曾是光绪皇帝的寝宫。

游览区是颐和园的主体部分，也是全园的精华所在。向北通过排云门、二宫门、排云殿、德辉殿、佛香阁，直到山顶的智慧海，层层上升。构成了以琉璃瓦覆盖的前山主体建筑群。

佛香阁建在一座21米高的石砌台基上，八面三层四重檐，通高41米，阁内有8根铁梨大柱直通阁顶，高于万寿山山顶，是全园的中心和制高点，也是颐和园的标志。佛香阁仿杭州六和塔建造，结构复杂，气势宏伟，是一座艺术价值很高的古典建筑。

与万寿山华美的人文意味相比，平阔的昆明湖有着更为丰富的自然韵味。这里有两堤、六岛、九桥，水景巧妙地借鉴了西湖名胜，意指皇家一览天下美景的江山意识。放眼昆明湖，长堤、岛屿和大桥、小桥，分割点缀着水面，平添了几分壮美的气势。

自然山水为其框架，佛香阁为其主体，配以长堤、长桥、长廊等大尺度的建筑，一种“移天缩地在君怀”的皇家气派在颐和园表现得极为充分。100多处景点与湖光山色相互交融，又达到了“虽由人作，宛自天开”的艺术高度，颐和园不愧是中国皇家园林的精华与杰作。

十七孔桥宽8米，长150米，由17个桥洞组成，用以连接东堤和南湖岛，是颐和园中最大的石桥。

明清皇陵

Imperial Tombs of Ming and Qing Dynasties

明清皇陵包括中国5个地区的几组陵墓，这些陵墓遵循中国的风水原理而设计，为公元14世纪以来的中国信仰和传统提供了显著的证明，是那个时期建筑学与装饰艺术的重要典范。

★名称：明清皇陵
★位置：北京、河北、湖北、江苏、辽宁

明清皇陵是埋葬明清两代帝王、后妃的陵墓建筑群，主要分布在河北、湖北、北京、江苏和辽宁，主要包括明显陵、清东陵、清西陵、明十三陵、明孝陵和清福陵、昭陵、永陵。这些建筑的格局保存完整，反映了皇家陵寝的原貌。规模大、气势磅礴是皇家陵寝的最大特色。

明显陵位于湖北省中部钟祥市东郊的松林山上，是明世宗嘉靖皇帝的父亲恭睿献皇帝和母亲慈孝献皇后的合葬墓。明显陵始建于明武宗正德十四年（1519），完工于明嘉靖四十五年（1566），历时47年，整个陵园面积183万平方米，是中国规模最大的明代帝王陵寝之一。陵园的结构是一陵两寝，是历代

清东陵位于河北省遵化市境内，在占地78平方千米的15座陵墓中，长眠着100多位帝、后、妃及皇子公主们。

明十三陵中的陵恩殿，是供奉帝后牌位和举行祭祖的大殿，落成于明永乐十四年（1416）三月，仿照明代金銮殿修建。

帝王陵墓中绝无仅有的。

清东陵位于河北省遵化市的西南，西距北京125千米，是一座规模宏大、体系完整的古代帝王陵墓群。它始建于清顺治十八年（1661），陵区共有陵寝14座，其中帝陵5座，后陵4座，妃嫔陵5座，有顺治、康熙、乾隆、咸丰、同治5位皇帝在此安葬，还有14个皇后，136个妃、嫔及中国近代的慈禧太后安葬在这里。可见清东陵是中国清代帝王后妃陵墓群。

清东陵自昌瑞山南麓各依山势东西排开，整个陵区四山环绕，气势雄伟。各陵区的水汇集于此，直浮陵口，水流急湍。陵区幅员辽阔，整个陵区以昌瑞山顶明长城为界分两部分。清东陵的选址设计，在地质、地貌、水文等方面都经过周密的测试，布局结构十分考究。陵墓高低参差，主次分明，既体现了封建王朝的森严等级，又有严谨的科学艺术性。陵区由大小不等的多座单体建筑组成，有殿宇、宫墙、宝城等一组建筑群。清东陵地面建筑富丽堂皇，地下还藏有大量的殉葬品，价值连城。

清西陵位于河北省易县城西15千米处的永宁山下，距北京120多千米，东起梁格庄，西至紫荆关，南自大雁桥，北止厅峰岭，是清代帝王两大陵寝之一。清西陵陵区规模宏大，陵园建筑面积达80多万平方米，其周界约100千米。清西陵陵区内有4座帝陵，3座后陵，3座妃园寝，4座王公、公主园寝，这14座陵寝中葬着76人。其中帝陵最大，后陵次之，园寝再次之。

明十三陵坐落在北京的西北郊，是明朝帝陵的最大群体。明代的朱棣即位后有意迁都北京，所以永乐五年（1407）皇后徐氏病逝后，朱棣将陵址选在昌平区黄土山，将黄土山改名为天寿山，建造了长陵。此后，又有十二帝的陵墓建在长陵左右，形成了一处建筑宏伟的陵寝区域，世称明十三陵。

位于辽宁的永陵、昭陵、福陵，惯称为盛京三陵，也称东北三陵，是开创清朝皇室基业的祖先的陵墓。盛京三陵加上清东陵、清西陵，构成了一组完整的清朝帝陵体系，清朝的历史浓缩于其中。

明清皇家陵寝，是中国明、清两朝按照帝王的要求精心规划营建而成的。它体现了中国封建社会的最高丧葬制度以及千百年来封建社会的宇宙观、生死观、道德观和社会风习，凝聚了中国古代人民在建筑艺术领域的精华。

都江堰

Dujiang Dam

坐落于四川成都平原的都江堰水利工程，被誉为世界水利史上的璀璨明珠。千百年来，都江堰的流水绵绵密密，哺育着西蜀大地的芸芸众生，浸润出了天府之国的灿烂文明，留下了千古不朽的美名。

蜀国开明王朝时期，四川成都平原西部的岷江上就已修筑了较为简单的水利工程。后来秦国征服了蜀国，秦昭王时期，李冰作为第四任蜀郡太守来到四川。当时，岷江依然是一条经常泛滥肆虐的河流，成都平原的土地缺乏灌溉。李冰父子邀集有治水经验的农民，对岷江的地形和水情做了实地勘察，开始大规模修筑都江堰。

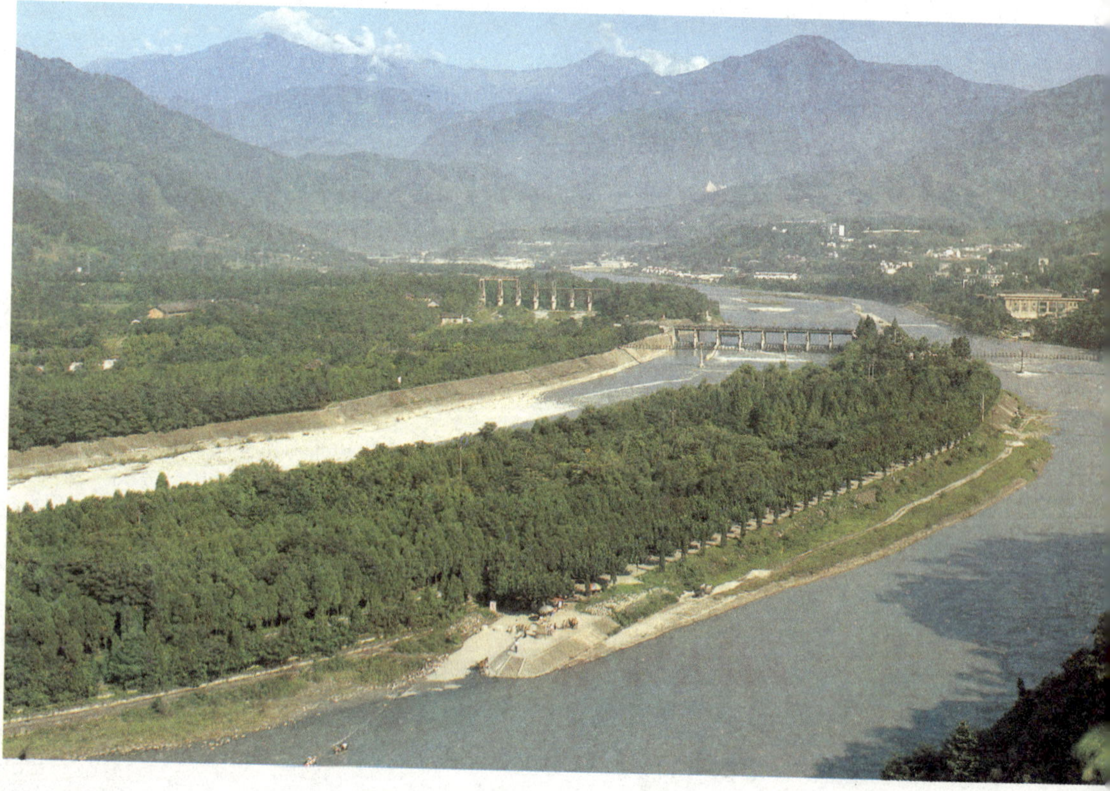

李冰父子为了修筑都江堰，集中了人民群众的宝贵智慧，采取了许多创造性的举措。战国时中国还没有发明火药，为了凿穿玉垒山引水，他用火烧石头的方法，使岩石爆裂，大大加快了工程进度，最后在玉垒山凿出了一个宽20米、高40米、长80米的山口，即“宝瓶口”。这样就使岷江能够流向东方，避免了水害。他还用装满鹅卵石的竹笼在江心填筑了鱼嘴分水堤，把岷江分作两支，一支灌溉成都平原，一支流向下游。为了进一步控制流入宝瓶口的水量，在分水堤的尾部，又修建了分洪用的平水槽和“飞沙堰”溢洪道。

鱼嘴、飞沙堰、宝瓶口三大主体工程有机配合，相互制约，协调运行，引水灌田，分洪减灾，具有“分四六，平潦旱”的神奇功效。自此以后，成都平原的农业经济逐渐发达起来，基本没有了水旱灾害，成为中国的粮食稳产地区，四川也因此被称为“天府之国”。在都江堰的滋养之下，都江堰灌区成为四川经济最发达的地区，成都平原由水患肆虐之地一跃而成四川政治、经济、文化的中心地带。“物华天宝，人杰地灵”，天府美誉，名不虚传。灌区内自然景观、人文景观、都市华彩及城镇风光异彩纷呈，美不胜收。

都江堰的修筑，是一项彪炳史册的伟大功绩。人们自然不会忘记为四川人民做出了伟大贡献的太守李冰。如今在都江堰渠首东岸，建有二王庙，用以纪念李冰父子。寺庙宏伟秀丽，环境幽美，来到都江堰的人们，都会前往二王庙，瞻仰李冰父子的丰功伟绩。都江堰鱼嘴分水堤之上，有一条著名的古索桥，名唤安澜桥，又名“夫妻桥”，横跨内外两江，连通两岸，总长500米。走在索桥之上，脚下是滔滔江水，桥身凌空摇晃，令人站立不稳，自有一番惊险的趣味。现在的安澜桥，经过了重新修葺，下移100多米，将竹改为钢，承托缆索的木桩桥墩改为混凝土桩，已成为都江堰的著名景点之一。

都江堰的修筑，是中华民族的勤劳智慧与科学创造的结晶。与早已失去了原有功用的长城不同，时至今日，都江堰仍然发挥着巨大的功用，造福着川西的人民，堪称世界水利史上的千古奇迹。

都江堰的分水工程鱼嘴分水堤因其形如鱼嘴而得名，它把岷江分成内外二江。西边叫作外江，是岷江的正流，主要用于排洪；东边沿山脚的为内江，是人工引水渠道，主要用于灌溉。

坎儿井

Kaner Well

在中国西北地区的茫茫戈壁中，“苍藤蔓架覆檐前，满缀明珠络索园”的吐鲁番无疑是一个生命的奇迹。在这个高温、干旱，降雨量小于蒸发量的地方，能够孕育出如此美丽的田园风光，靠的是新疆地区的一种独特的井——坎儿井。

★名称：坎儿井
★位置：新疆

坎儿井古称“井渠”，至今已有2000多年的历史，是干旱地区取用地下水的一种渠道，主要分布在新疆东部博格达山南麓的吐鲁番地区。

在吐鲁番郁郁葱葱的绿洲外围戈壁滩上，可以看见顺着高坡而下的一堆一堆的圆土包，形状如同小火山锥，排列有序地伸向绿洲，这些就是坎儿井的竖井口。“坎儿”是维吾尔语“井穴”的意思，坎儿井是一种维系绿洲生存的特殊灌溉系统，由竖井、地下暗渠、地面明渠、涝坝4个部分组成，它把地层中的潜流沿着挖成的暗渠引至地面，再由明渠引入农田或涝坝。新疆大约有坎儿井1600多条，其中以吐鲁番盆地最多，共有1200多条，总长超过5000千米。吐鲁番地区年降雨量仅为16毫米，而蒸发量达3000毫米，根本不可能利用地面水来灌溉农田。坎儿井由地下暗渠输水，可减少水分蒸发，水温水量稳定，水质也不受污染，同时渠道水顺地形流淌，可以常年自流灌溉。古代新疆人民创造出这种独特的坎儿井，浇灌滋润了吐鲁番的大地，使火洲戈壁变成绿洲良田。

竖井的深度和井与井之间的距离，越向上游竖井越深，间距越长，越往下游竖井越浅，间距越短。暗渠的出水口和地面的明渠连接，这样便可以把几十米深处的地下水引到地面上来。图为人们在坎儿井的地面渠上洗衣、饮马。

坎儿井之所以能在吐鲁番大量修建，与当地特殊的地理条件密不可分。吐鲁番盆地北部的

坎儿井连绵的地下暗河有“地下运河”之称。

博格达山和西部的克拉乌成山，每当夏季来临，就有大量的融雪和雨水流向盆地，当水流出山口后，很快渗入戈壁地下变为潜流。积聚日久，使戈壁下面含水层加厚，水储量大，为坎儿井提供了丰富的水源。

吐鲁番大漠底下深处，砂砾石由黏土或钙质胶结，质地坚实，因此坎儿井挖好后不易坍塌。吐鲁番干旱酷热，水分蒸发量大，风季时尘沙漫天，往往风过沙停，水渠常被黄沙掩埋；而坎儿井是由地下暗渠输水，不受季节、风沙影响，水分蒸发量小，流量稳定。所以，坎儿井非常适合吐鲁番的自然条件。

坎儿井的历史可谓源远流长。汉代时，陕西关中就有挖掘地下窖井的技术，称为“井渠法”。汉通西域后，塞外乏水且沙土较松易崩，就将“井渠法”传授给了当地人民，后经各族人民的辛勤劳作，“井渠法”逐渐趋于完善，发展为适合新疆气候、地质条件的坎儿井。

可以说，坎儿井是中国各族人民智慧的结晶。吐鲁番现存坎儿井多是清代以后陆续建造和维修的，老井有百岁高龄。如今，虽然吐鲁番已有了现代化的引水手段，但坎儿井仍然在人民生活中发挥着巨大的作用。

京杭大运河

Grand Canal

大运河肇始于春秋吴王夫差所凿的“邗沟”，至隋代完成了以洛阳为中心的大运河，唐宋时极为繁盛，元代截弯取直，形成贯通南北的京杭大运河。作为中国的一条搏动不息的大动脉，大运河一直沟通着中国南北方经济文化，维护着国家统一和社会进步。

★名称：京杭大运河

★位置：跨六省市

举世闻名的京杭大运河，是世界上最长的一条人工河道。它北起北京，南达杭州，流经北京、河北、天津、山东、江苏、浙江6个省市，沟通了海河、黄河、淮河、长江、钱塘江五大水系，全长1794千米。京杭大运河在中华民族的发展史上，为发展南北交通做出了巨大的贡献。

公元前486年，吴王夫差首次在扬州开挖邗沟，以沟通长江和淮河。大业元年（605），隋炀帝征发江南、淮北100

运河边上的画里水乡——同里

多万民工，在北方修通济渠，从洛阳西苑通到淮河边的山阳（今江苏淮安）；大业四年（608），征发河北民工100多万人开永济渠；大业六年（610），在长江以南开了一条江南河，从京口（今江苏镇江）引江水穿过太湖流域，直达钱塘江边的余杭（今浙江杭州）。前后用了不到6年的时间，大运河的全线工程就告成了。到13世纪的元代，又先后挖通了北京到通州区的通惠河、山东临清到东平的会通河、东平到济宁的济州河。把运河改成直线后，比隋代京杭运河缩短了900多千米。

19世纪海运兴起，又随着津浦铁路通车，京杭运河的作用逐渐减小。而在黄河改道后，山东境内河段水源不足，南北断航，逐渐淤成平地。中华人民共和国成立后，政府对大运河部分河段进行了拓宽加深，航运条件有所改善，季节性的通航里程已达1100多千米。古老的京杭大运河将来还要成为南水北调的输水通道，继续在历史上写下自己的传奇。

悠悠运河，千年碧波荡漾，无数诗人曾乘船在河上来往。

元阳梯田

Yuanyang Terrace

元阳梯田不是一个死板的历史遗迹，从古至今始终是一个充满生命活力的大系统，它将自然的壮美风光与人力的巧夺天工融为一体，既能发挥出巨大的实用性，也具有无可比拟的观赏性。

★名称：元阳梯田
★位置：云南省元阳县
★面积：113平方千米

在云南的红河南岸，世代居住在这里的哈尼族人民在长期的劳动生产当中，运用自己的智慧与双手，结合当地特殊的地理条件，创造出了一项规模宏大、气势磅礴的伟大工程——红河哈尼梯田。其中，元阳县境内共有113平方千米梯田，是红河哈尼梯田的核心区，也是哈尼梯田最具有代表性的区域。

梯田是山区、丘陵地区常见的田地形式，是在坡地上沿等高线修筑的阶台式或波浪式断面的农田。元阳县境内全是崇山峻岭，所有的梯田都修筑在山坡上，梯田坡度在15度至75度之间。以一座山坡而论，梯田最高级数达3000级，这在中外梯田景观中是罕见的。初春时节，当梯田灌满了水的时

哀牢山区一年有200多天云雾缭绕，云雾之中的梯田更显出一份神秘的美感。

候，在晨光或是夕阳的照射之下，可见云雾飘动在一层层田间，千变万化，千姿百态，景象壮美，恍如云海，因此人们形象地称之为云海梯田。

元阳县的哀牢山区，一共有7个民族共居一山，大致依照海拔高低分层而居。海拔144米～600米的河坝区，多为傣族居住；600米～1000米的峡谷区，多为壮族居住；1000米～1400米的下半山区，多为彝族居住；1400米～2000米的上半山区，多为哈尼族居住；2000米以上的高山区，多为苗、瑶族居住；汉族则多居住在城镇和公路沿线。

哀牢山是云岭山脉的一个分支，自西北向东南，绵延不断，它的脚下还有一条相伴而行的大江——元江（红河），高山与大江在云南中南部形成了一道天然屏障，使这里不易受北方冷空气的侵扰，气温较高。哈尼族居住的上半山，气候温和，雨量充沛，年平均气温在15℃左右，全年日照1670小时，非常适宜水稻生长。但2500年前，哈尼族的祖先从西藏高原来到云南南部这个边陲山区之时，却遇到了一个很大的难题。山区内平地极少，到处是浓绿的原始森林，这样的山地条件很难进行耕种。为此，哈尼族人民开始了改造大自然的奋斗。

哈尼族人垦殖了大量的梯田，将沟水分渠引入田中进行灌溉，因山水四季长流，梯田中可长年保水，保证了稻谷的发育生长和丰收。哈尼族垦殖梯田的想象力令人惊绝，其随山势地形变化，因地制宜，坡缓地大则开垦大田，坡陡地小则开垦小田，甚至沟边坎下石隙之中，无不奋力开田，因而梯田大者有几千平方米，小者仅有簸箕大，这便构成了举世闻名的元阳梯田奇观。

元阳哈尼族梯田不是一个死板的历史遗迹，从古至今始终是一个充满生命活力的大系统，时至今日，它仍然是哈尼族人民物质和精神生活的根本。它将自然的壮美风光与人力的巧夺天工融为一体，既能发挥出巨大的实用性，也具有无可比拟的观赏性，是文化与自然巧妙结合的产物，不仅是哈尼族人民的，也是中华文明的伟大骄傲。

Memories Sculpting in Time

时间烙印

平遥古城

Ancient City of Ping Yao

平遥古城是中国境内保存最为完整的一座古代县城，是中国汉民族城市在明清时期的杰出范例，在中国历史的发展中，为人们展示了一幅非同寻常的文化、社会、经济及宗教发展的完整画卷。

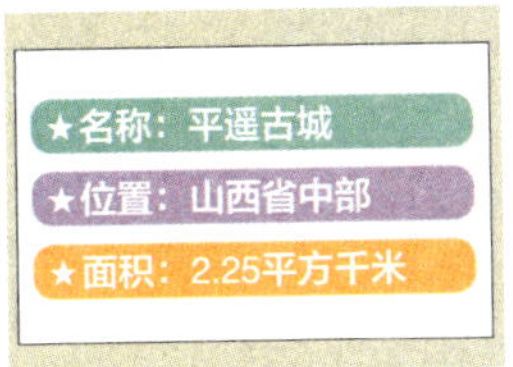

历史悠久的山西省，为中华文明留下了许多优秀的文化遗产。从远古的黄帝蚩尤之战、大禹治水的传说，到大槐树下的7次大移民，再到近现代的晋商、铁路与煤矿，不断为山西积淀着深厚悠远的文化意蕴。而在此，人们的视线总会被一座古老的城市所吸引。它已经历了2700多年的悠久历史，却仍然完美地保留着古风古貌，堪称中华民族的文化瑰宝。这就是位于山西省中部的古城平遥。

平遥古城始建于周宣王时期（前827~前782），为西周大将尹吉甫驻军于此所建。自公元前221年起，平遥古城历

平遥明清一条街有“19世纪亚洲的华尔街”之称。自从平遥旅游开发以来，古街上的游人如织，延续着当年的繁荣。

尽沧桑、几经变迁，成为国内现存最完整的一座明清时期中国古代县城的原型。迄今为止，古城的城墙、街道、民居、店铺、庙宇等建筑仍然基本完好，原来的形式和格局大体未动，它们同属平遥古城现存历史文物的有机组成部分，有“中国古建筑的荟萃和宝库”之称，文物古迹保存之多、品位之高实为国内所罕见。

在平遥古城中，有规模宏大、气势雄伟、国内保存最完整的古城墙；有始建于北汉天会七年（963）、被列入中国第三位的现存最珍贵的木结构建筑镇国寺万佛殿；有始建于北齐武平二年（571），被誉为“中国古代彩塑艺术宝库”，现存宋、元、明、清彩塑2052尊的双林寺；有中国宋金时期文庙的罕见实物——文庙大成殿；有中国金融的开山鼻祖，被誉为“天下第一号”的“日升昌”票号。同时，平遥古城是中国古代民居建筑的荟萃中心之一。古城内现存的约4000处古、近代民居建筑，体现了中国古、近代北方民居建筑典型的风格和特点。

平遥城墙以筑城手法古拙、工料精良著称于世，城台（也称马面）多，造型美观，防御设施齐备，为中国历代筑城之仅有。

平遥古城的城墙始建于西周。周宣王姬静派大将尹吉甫北伐俨狁时驻兵于平遥，出于军事防御，筑素土城墙。平遥古城素有“乌龟城”之称。平遥的城墙，墙体内填土夯实，外周青砖砌裹，顶部铺砖排水，城墙四角各建角楼，东南角还建有魁星楼一座。城墙的东西设有城门两道，每道城门都突出在墙体外部，有里外二门，呈瓮形。由于瓮城共有6座，所以有“乌龟城”之说。人们认为：南北两门像头、尾，东西四门像四只脚。南门里外两门直通，像龟的头部向外伸出，正好南门外有两眼水井，人们将两眼水井喻为乌龟眼睛。北门的外门形状向东弯曲，又似龟尾东甩。整个城池以市楼为中心，由城墙和大街小巷组成一个庞大的八卦图案，向世人展现了传统的文明和文化。

山西晋商的大名天下皆知，古城中自然少不了这一特色。明清商业古街位于平遥古城的南大街，该街是古城文化遗产的精华之一。商业古街地处古城中心，是古城对称布局的轴线。平遥古城以南大街为轴线，以古城最高建筑市楼为轴心，形成左祖右社、左文右武、文武相遥、上下有序的对称布局。明清街在古城中的位置十分重要，750多米长的古街上，汇集大小古店铺78处。早在20世纪，由于平遥商业繁荣，门类齐全，信誉卓著而享有“小北京”的美誉。平遥城中的中国第一家票号——日升昌，坐落于“大清金融第一街”平遥古城西大街的繁华地段。日升昌创建于清道光四年

清朝早期，随着金融业的兴起，逐渐出现了镖局。到了清朝中叶，平遥城内的票号产生后，镖局的主要业务是为票号押送银票。图为平遥镖局内的镖车、镖旗及护镖用的十八般武器。

（1824），历经百年沧桑，业绩辉煌，执全国金融之牛耳，分号遍布全国30余个城市、商埠重镇，远及欧美、东南亚等国，以“汇通天下”著称于世。

平遥城隍庙位于古城内东南方向，该庙历史上屡遭灾患，也经历过多次修葺，现存的建筑为清同治六年（1867）所重修。现存庙宇为明清规制，整座建筑由城隍庙、灶君庙、财神庙三组建筑群组成。城隍庙中，灶君、财神各占左右，坐北面南，前后四进院，占地7302平方米。平遥城隍庙建筑风格独特，手法精美，集技术、艺术与文化知识于一体，是国内保存最完整的城隍庙之一。城隍庙与县衙署对称设置，“阴阳各司其职”，是古代“人神共治”思想的明确反映，是研究古城礼制特色、宗教体系、建筑艺术和思想文化不可多得的历史遗产。

平遥古县衙坐落于县城内政府街（明代称衙道街，清代叫衙门街），建筑规模宏阔，形制独特。县衙大门坐北朝南，面宽三间，进深两间。中间是走道，前檐东侧放置有一面喊冤鼓以备百姓击鼓鸣冤。大堂是整个县衙中的主要建筑物，矗立在高于地面半米多的台基地上，这里是知县举行重大典礼、审理重大案件以及迎送上级官员的地方。

平遥民居也是平遥城古老民俗的一大亮点。平遥城地势平坦，街道规整，四合院横向联合或纵向扩展都有良好的地理条件。多种多样的四合院群体，为居民的合家聚居提供了物质条件，使封建时代数世同堂的世俗观念得以传承。体味平遥，便是要细细品尝那延续2700年的悠远历史，品味那积淀深厚的山西文化，品味那特色鲜明的古老民风。脚踏在平遥城古老的街道上，你会感觉到，你已经置身于历史之中，聆听着千年时光的悠然诉说。

平遥双林寺菩萨殿的千手观音仪容端庄典雅，神态温柔安详，胳膊塑造得圆润丰满，与身体的比例适当，毫无生硬造作之感，26只手如扇面形排列几层，上下交叉，变化万千。

凤凰古城

Old Town of Fenghuang

但凡读过沈从文先生的《边城》的人，无不为书中所描绘的湘西边城所深深吸引。《边城》仿佛是一首牧歌，湘西的风情在这首舒缓的牧歌中悠然弥漫。那种洋溢着牧歌气息的山山水水与充满着善与美的纯洁人性，使人们对湘西的凤凰古城产生了无限的神往。

★名称：凤凰古城
★位置：湖南
★面积：6.3平方千米

位于湖南湘西土家族苗族自治州西南部的凤凰古城是一座历史文化名城，曾被新西兰著名作家路易·艾黎称赞为中国最美丽的小城（“中国有两个最美的小城，一个是福建的长汀，一个是湖南的凤凰”）。这里与吉首的德夯苗寨、永顺的猛洞河、贵州的梵净山相毗邻，是怀化、吉首、贵州铜仁三地之间的必经之路。

凤凰古城风景秀丽，历史悠久，名胜古迹甚多。城内，古代城楼、明清古院风采依然，古老朴实的沱江静静地流淌；城外，有南华山国家森林公园、城下艺术宫殿奇梁洞、建于唐代的黄丝桥古城、举世瞩目的南方长城……

说凤凰古城小，并非言过其实，它小到城内仅有一条像样的东西大街，但它却是著名的“湘西明珠”。小城之内，种种充满了古色古香、古风古韵的景观令人目不暇接。有人说，凤凰古城犹如“一幅浓墨淡彩的中国山水画”，色彩虽不艳丽，却有一种独特的韵味，使人难以抗拒它的诱惑。

凤凰古城的吊脚楼最早起源于唐宋时期，目前古城里的吊脚楼多保留着明清时代的建筑风格。

凤凰古城虽小，仍分为新旧两个城区。老城区依山傍水，清浅的沱江穿城而过，红色砂岩砌成的城墙伫

立在岸边，南华山衬着古老的城楼。城楼是清朝康熙年间修建的，锈迹斑斑的铁门，还依稀看得出当年威武的模样。北城门下宽宽的河面上横着一座窄窄的木桥，以石为墩，两人对面都要侧身而过。

凤凰古城之中，最有名的无疑是那一幢幢富有浓郁土家族风韵的吊脚楼。种种游记小说，都对这样的土楼有着浓墨重彩的渲染。吊脚楼中居民的独特生活更是充满了浓郁的乡土色彩。但如今，河畔的吊脚楼大多已不在了，只有在回龙潭那里的十多间老屋，供后人凭吊述说。

在令凤凰古城名扬天下的人当中，沈从文毫无疑问是最为重要的一位。正是他那清新灵动而又意蕴深远的《边城》，勾起了无数人对凤凰的神往。《边城》中的世界，仿佛脱离了时光的侵蚀而单独存在，一切的邪恶，一切的肮脏，一切的卑劣，都被作者用筛子细细地筛除了。所以我们只看到了茶峒清澈透明的小溪，古老的白塔与古老的渡船，被夕阳染成桃红的薄云，夜啼的草莺与杜鹃，月光下象征爱情的虎耳草。阅读《边城》，我们随时都可以感受到湘西文化的浓郁气息。

凤凰古城有八景：东岭迎晖、南华叠翠、奇峰挺秀、溪桥夜色、龙潭雨火、梵阁回涛、山寺晨钟、兰径樵歌。景景动人、景景不同凡俗。但在人们的心目中，仔仔细细地单列这些景致，其实并没有太大的意义。凤凰古城是一个整体，一个古老的、充满了神秘气息的整体。踏在那年代悠远的青石板路上，仿佛是在聆听一首古老的歌谣。

从已静卧沱江之上600多年的风雨桥桥洞下看江边的吊脚楼，古古旧旧，檐挨着檐，壁连着壁，历史的厚重与古朴，丝丝尽显。

丽江古城

Old Town of Lijiang

在中国的众多古城中，丽江古城占有较为特殊的地位。她跨过了800年悠远的岁月，既有幽静秀丽的自然风光，又有巧夺天工的建筑布局，以其独特的姿容吸引着世人的关注。

★名称：丽江古城
★位置：云南
★面积：3.8平方千米

丽江地处金沙江上游，历史悠久，风光秀美，自然环境雄伟，是古代羌人的后裔纳西族的故乡。丽江古城便坐落于丽江坝的中央，又称大研镇，面积约14平方千米，海拔2410米，居住着4200余户人家，多为纳西族。古城以其建筑布局科学著称于世，为中国古代城市建设之瑰宝。1997年，联合国教科文组织把它列入《世界遗产名录》。

丽江古城西枕狮山，北依象眼山，周围青山环绕，泉水潺潺穿巷走院，形似一块碧玉大砚，故名“大研”，即大砚的意思。丽江古城始建于宋末元初，1253年，忽必烈（元世祖）南征大理国时，就曾驻军于此。由此开始，直至

丽江古城融汇了汉族和白族的建筑特色——灰瓦、土坯墙、木结构。古城四周青山绿水环绕，终年积雪的玉龙雪山与古城相互映衬。

丽江古城内早年依地下涌泉修建的白马龙潭和多处井泉至今尚存，人们创造出“一潭一井三塘水”的用水方法，头塘饮水、二塘洗菜、三塘洗衣，清水顺序而下，既科学又卫生。

清初的近500年间，丽江地区皆为中央王朝管辖下的纳西族木氏先祖及木氏土司（1382年设立）世袭统治。丽江古城地处滇、川、藏交通要道，古时频繁的商旅活动，促使当地商业繁荣兴旺，很快成为远近闻名的集市和重镇。其间，曾遍游云南的明代地理学家徐霞客在《滇游日记》中描述当时丽江城“民房群落，瓦屋栉比”，明末古城居民达千余户，可见城镇营建已颇具规模。至今还流传着纳西族“阿凡提”阿一旦戏弄木氏的故事。

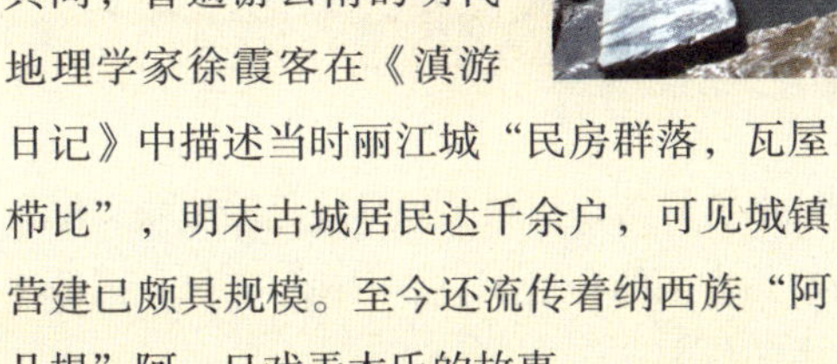

四方街是丽江古城的中心，四通八达，周围小巷通幽，据说是明代木氏土司按其印玺形状而建。从四方街四角延伸出四大主街，直通东南西北四郊，又从主街岔出众多街巷，如蛛网交错，往来畅便。街道全用五花石铺砌，平坦洁净，晴不扬尘，雨不积水。几乎每条街道一侧都伴有潺潺流水。泉水来自玉河，河至镇北双石桥，分东、西、中三股流入古城，随街绕巷，穿墙过屋。居民洗菜、挑水最远也不超过50步。丽江古城还以不筑城墙而驰名。据说因为古代丽江世袭的统治者均姓木，若筑城墙，则“木”字成了“困”字，因而古城不筑城墙。一座古城的兴盛，往往离不开文化的繁荣。闻名于世的丽江壁画，便分布在古城及周围15座寺庙内。其中遗存于丽江白沙村大宝积宫的大型壁画《无量寿如来会》，把汉传佛教、藏传佛教和道教的百尊神佛像绘在一起，反映了纳西族宗教文化的特点，是珍贵的文化瑰宝。大宝积宫的壁画没有署名，研究者认为它是明代画家在数百年间的群体创作，是纳西、藏、白、汉等民族画风融为一体的艺术结晶。

品味丽江古城之美，须从小处着眼，一点一滴地去体会那800年的古老韵味。在丽江古城中，铺路的青石板、流淌的泉水、沿街的店铺、精巧的民居，都能体现出古城的风韵来。古城中的民居大多保留着明清时代的建筑风格，多为土木结构的“三坊一照壁，四合五天井，走马转角楼”式的瓦屋楼房，既讲究结构布局，又追求雕绘装饰，外拙内秀，玲珑精巧，被中外建筑专家誉为“民居博物馆”。

如同古城中的潺潺流水一样，古城的历史，也始终是这般在时间中静静地流淌着。古城之美，没有奢华，没有奇丽，只有岁月刻下的沧桑痕迹，需要用心灵去品味。

安徽民居

Villages in Anhui

想了解中国古代帝王的生活，就去北京；想了解中国古代老百姓的生活，就去皖南。这里的西递、宏村等景点，已被列入了《世界遗产》名录，是世界著名的中国历史遗迹，是全人类的共同财富。2001年，奥斯卡获奖大片《卧虎藏龙》中的很多镜头，如片头的村落、水面，镖局的建筑，刀光剑影的竹海，便取景于此。

★名称：安徽民居
★位置：安徽

安徽南部的皖南古村落，反映了独具特色的地域文化和中国古人在人与自然方面的和谐统一。西递、宏村，正是这些迷人的古村落中的代表。

宏村位于黟县县城东北，距县城10千米。宏村始建于南宋，是汪姓聚族而居之地。有着800年历史的宏村，形如牛状，是当今世界文化遗产中的一大奇迹。这里湖光山色，独领风骚，融人文景观与自然景观于一体，故艺术家称之为“中国画里的乡村”。

村落平面采用“牛”形布局。宏村从选址、规划到建筑的营建，都是人们从一定文化观念和宗教观念出发，有意识地强化自然界中“牛”的形态，体现了农耕民族对牛的崇拜与依赖。

宏村有着类似方格网的街巷系统，用花岗石铺地，穿过

宏村承志堂精雕细镂、飞金重彩，被誉为“民间故宫”。

位于黟县县城西南4千米处的南屏村，青山环抱，田园增秀，仿如“桃花源里”。

家家户户的人工水系形成独特的水街巷空间。村落以半月形水塘“牛心”——月沼为中心，周边围以住宅和祠堂。月沼和南湖水面，映衬着古朴的建筑，在青山环抱中焕发出勃勃生机，更显宏村独到的人居环境价值和景观价值。

宏村明、清建筑群保留了历史的原型，保存基本完好，有书院建筑、祠堂建筑和众多的住宅建筑以及私家园林，是徽州建筑文化的杰出代表，具有极高的历史、艺术、科学价值。由于当地气候温和，适宜植物生长，古树名木与古建筑交相辉映。多数民居宅院内结合水源设置花坛、盆景，造景精湛，是徽州私家园林的杰作。以德义堂、碧园为代表的私家园林，以南湖书院为代表的书院建筑，集中地反映了18世纪徽州儒家文化的昌盛与繁荣。

经过800年的规划发展，宏村已经成为一处中国古村落的经典之作。可以说，宏村古建筑及其山水环境的融合已成为宏村最重要的历史标志。

西递位于安徽省黟县东南部，全村面积13公顷，东西长700米，南北宽300米，是个典型的以宗族血缘关系为纽带、经几代繁衍而成的同族聚居村落。村中以胡氏宗族为主。从远处看，它的建筑体形恰似一种船形。这里风光、山水迷人，人文景观也处处可见，是一块难得的风水宝地。

早在古时，中国传统的重视读书做官、轻视经商的观念已开始动摇。西递村中大部分读书人开始弃书经商，告别家乡，跻身于强大的“徽商”队伍中。由于他们大多数人博览群书，在经商过程中，有着较为科学的经营思想和方法，常能“以一获十”地谋取利益。为此，西递渐渐变为具有雄厚财力的古村。

随着人口下降，加上其他原因，这个有着几千年文明史的古村，开始走向衰落。如今，西递古村居民只有300余户，1000多人口，大都以务农为生。所幸的是，西递至今保存较完整的民居尚有120多幢，是中国现代保存较为完整的古民居建筑群之一，故被专家称为“东方古代建筑的艺术宝库”。

福建土楼
The Storied Building of Fujian

隐藏在福建崇山峻岭之中的8000多座土楼独具特色，有圆形、八角形、方形等多种形状。这些土楼的规模和造型都是人类建筑史上的奇迹，充分展现了建筑的魅力。

★名称：福建土楼
★位置：福建

用最古老的方式建造的规模庞大的福建土楼，以其悠久的历史、奇特的风格、巧妙的构筑、恢宏的规模，被誉为世界民居建筑的奇观。

福建土楼是以土作墙而建造起来的集体住宅，其形状有圆形、半圆形、椭圆形、方形、四角形、五角形，还有交椅形、畚箕形等，各具特色。其中以圆形的——也称圆楼或圆寨最为著名，也最引人注目。这种土楼分布于闽西和闽南客家人居住的地方，是客家人传统的民居建筑，体现着聚族而居的民俗风情。土楼的最大特点在于造型大，属于集体住宅区。大型住宅有2圈～3圈，环环相套。土楼有着一般民宅所没有的优点，因为土楼墙壁较厚，不易倒塌，既可防震、防潮、防盗，还能起到保温隔热作用，冬暖夏凉。

承启楼由四环建筑构成。外环底层作厨房、餐厅或客厅，第二层储藏谷物，第三、第四层才作卧室，各层均有环形走廊作通道，四道楼梯对称均匀分布于楼内。

土楼是客家人的传统居所。“客家”并不是一个少数民族，而是汉民族的一个支系。2000多年来，中原地区的汉人因逃避战乱、饥荒、迫害或因政府迁调而大量南迁。相对于迁入地区的原居民而言，他们是客，因而被称为“客家人”。在南迁和开发中国南方山区的过程中，客家人形成了刻苦勤俭、开拓进取、重教崇文、念祖思亲的客家精神。客家民居——土楼，别具特色，是客家文化的重要特征之一，主要以围龙式围屋、城

福建省永定县下洋镇初溪土楼群由5座圆楼和数十座方楼组成，集庆楼则是其中的代表。

堡式围楼和四角楼最为典型。

福建土楼主要分布在闽西、闽南的永定、南靖一带。早在1900多年前，中原一带历经战乱，举族南迁的客家人，几经辗转，来到闽西南一带的山区，为避免外来冲击，他们不得不恃山经营，聚族而居，用当地的生土、砂石、木片建成单屋，继而连成大屋，进而垒起厚重封闭的土楼。楼内凿有水井，备有粮仓，如遇战乱、匪盗，大门一关，自成一体，万一被围也可数月之内粮水不断。土楼高大、厚实、壮阔，加上冬暖夏凉、防震抗风的特点，成了客家人代代相袭，繁衍生息的住宅。

福建土楼中，最为出名的是永定土楼。永定现存有土楼23000多座，其中历史最悠久的达1200多年。永定土楼从古代至中华人民共和国成立前，是居住在永定地区的客家人自卫防御的坚固楼堡。土楼用土石夯筑，不用钢筋水泥，但牢固如石。土楼的大门用10厘米厚的杂木制成，外钉铁板，有的楼门上还装有防火水槽。圆形土楼一、二层不开窗户，只在内墙开窗，从天井采光，便于狙击入侵之敌。土楼最高层处还设有瞭望台，以便了解敌情。永定土楼中，比较典型的土楼有振成楼、承启楼和遗经楼。振成楼位于永定县湖坑乡洪坑村，占地约5000平方米，分内外两圈。外圈4层，每层48间，按八卦图形设计，每卦6间，一梯楼为一单元。卦与卦之间筑有防火墙，以拱门相通。

承启楼位于永定县古竹乡高头村，建于清康熙四十八年（1709）。全楼结构为三圈一中心。外圈4层，高11.4米，每层设72个房间；第二圈2层，每层设40个房间；第三圈为单层，设32个房间。中心为祖堂，全楼共计400个房间。整个建筑面积为5376.17平方米，被称为“圆楼之王”。

土楼是中国古代文化的精品。每一座土楼，都是一件建筑学上的杰作，也是一方民俗文化的高度浓缩，它体现了客家人的勤劳、智慧和创造力，是客家文化的骄傲。

开平碉楼

The Storied Building of Kaiping

开平碉楼源于明朝后期，随着华侨文化的发展而鼎盛于20世纪初，是融中西建筑艺术于一体的华侨乡土建筑群体，其建筑风格中西合璧，千姿百态。

★名称：开平碉楼
★位置：广东
★碉楼数量：1833座

在广东开平乡村广袤的田野上，存在着一个奇特的景观。在这里，一座座欧式古典风格的小楼与中国南方农村的传统土屋交错在一起，形成中国绝无仅有的乡间景色。1800多座保存完好的碉楼，见证了一个多世纪以来开平的风雨沧桑。这就是举世闻名的开平碉楼。

开平碉楼是一种集防卫、居住和中西建筑艺术于一体的乡土建筑群体，尽管在用材、风格上各有差异，但开平碉楼都有一个共同的特点，即门窗窄小，铁门钢窗，墙身厚实，墙体上设有枪眼；碉楼顶层多设有瞭望台，配备了早期的枪械、发电机、警报器、探照灯等防卫装置。每一个碉楼，都是一个小小的坚固堡垒，保卫着主人的生命与财产。

开平碉楼的建筑风格多式多样，装饰艺术千姿百态，堪称建筑史上的杰作。这些大大小小的碉楼，有中国传统硬山顶式、悬山顶式，也有欧洲不同时期的建筑形式、建筑风

开平赤坎古镇沿河而建的商铺和住宅，多为中西合璧的西欧式建筑，广东的骑楼与西方的罗马石柱、雕花门楼在这里和谐共存。

格，如哥特式、罗马式等等。

开平碉楼是开平侨乡的当地居民为了保护自己的家园而建造的，它的兴起，与开平的地理环境、历史条件以及过去的社会治安密切相关。开平地势低洼，河网密布，每遇台风暴雨，常有洪涝之忧。加上其所辖之境，原为新会、台山、恩平、新兴四县边远交界之地，向来有“四不管”之称，社会秩序较为混乱。因此，清初即有乡民建筑碉楼，作为防涝防匪之用。到了民国，军阀割据，匪患猖獗，社会治安极度混乱。而开平因山水交融、水陆交通方便，同时有大批侨眷、归侨生活于此，财产相当丰厚，因而就成了土匪抢掠的重要目标。于是开平乡内风声鹤唳，人人自危，稍有风吹草动，人们就收拾金银细软，四处躲避，往往彻夜难眠。在这种情况下，开平人民不得不积极应对，其中，碉楼的修建使用是作用最为明显的。

开平碉楼样式各异，建筑材料也是各不相同，大体上共分为4种：钢筋水泥楼、青砖楼、泥楼和石楼。钢筋水泥楼多建于20世纪20~30年代，整体采用钢筋水泥式的现代架构，建筑非常牢靠结实。青砖碉楼是以青砖为主要建筑材料修筑而成的碉楼。有些青砖碉楼其实就是泥楼，只是外表多加了一层青砖，也有些则在内部加入钢筋水泥，增强碉楼的强度。泥楼包括泥砖楼和黄泥夯筑楼两种。泥砖楼是将泥做成泥砖晒干后用作建筑材料。为了延长泥砖的使用寿命，外部会抹上一层灰沙或水泥，用以防御雨水冲刷，从而起到保护和加固的作用。黄泥夯筑的碉楼是用黄泥、石灰、砂、红糖按比例混合作为原料，然后用两块大木板夯筑成墙。这样夯筑而成的黄泥墙，一般有近半米厚，其坚固程度可与钢筋水泥墙相比。石楼则是用山石或鹅卵石作建筑材料所修建起来的碉楼，这种碉楼数量极少，主要分布在大沙等采石较为方便的山区。

瑞石楼顶部的3层亭阁，凸显出西方建筑的独特风格，其中以四周用承重墙接托的罗马穹隆顶和以支柱支撑的拜占庭穹隆顶造型最为显著。

号称“开平第一楼”的瑞石楼，坐落在开平市蚬冈镇锦江里村后左侧，是开平市内众多碉楼中原貌保存得最好的一座碉楼。楼高9层，占地92平方米，钢筋混凝土结构，牢固非常。人们坐车从公路经过，老远就可以看到它在竹丛树林背景的衬托下高高耸立的雄姿。它不仅仅在高度上傲视群楼，外观上也极具特色。瑞石楼是中西建筑风格完美结合的典型，不同的层次凸现出不同的西方建筑艺术风格，而楼主还着意在窗框、窗楣图案和6层围墙外墙的图案、灰雕中加进了一些中国传统建筑文化的因素。二者结合得浑然天成、相得益彰，丝毫不显得生硬突兀，体现出高超的建筑思想。

如今匪患横行的时代早已过去，人们不再需要一个坚固壁垒来保障安全了，但碉楼却仍然牢牢屹立在开平的土地上，用锈迹斑斑的铁门和伤痕累累的楼壁诉说着历史的沧桑。

乌镇 Wuzhen

乌镇自古繁华，民风淳朴，极盛时“商贾四集、财赋所出甲于一郡”。而桐乡拳船、花鼓戏、皮影戏、香市等独特的民俗风情，原汁原味的水乡风貌和千年积淀的文化底蕴，使乌镇成为目前江南古镇中独具风韵的佼佼者。

★名称：乌镇
★位置：浙江
★面积：71.19平方千米

乌镇位于桐乡市，京杭大运河西侧，地处水陆要冲，是两省（浙江、江苏）、三府（嘉兴、湖州、苏州）、七县（乌程、归安、崇德、桐乡、秀水、吴江、震泽）交界之地。乌镇的历史悠久，文明灿烂，6000多年前，就有先人在此创造了那个时代的文明，镇东郊谭家湾古文化遗址可以做证。春秋时，乌镇为吴疆越界，战事频繁，吴国曾驻兵于此以防御越国，故得名乌戍，从此纳入国家的政治建制。唐咸通十三年（872）始建镇。南宋嘉定年间（1208~1224）以市河（车溪）为界，分为乌青二镇，河西为乌镇，属湖州府乌

乌镇曾是周边地区的集商重地，规模鼎盛时达10万人之多，从现存的清末建筑格局与整体风貌来看，足见当时街肆的繁华。

程县；河东为青镇，属嘉兴府桐乡县。中华人民共和国成立后，市河以西的乌镇划归桐乡县，才统称乌镇。乌镇街道上清代的民居建筑保存完好，梁、柱、门、窗上的木雕和石雕工艺精湛。镇东的立志书院是茅盾少年时的读书处，镇上的西栅老街是旅游的主要景点。历史上这个小镇曾出过64名进士、161名举人，茅盾、沈泽民、严独鹤等名人更使小镇熠熠生辉。

“家家面水，户户枕河”是乌镇和许多江南水乡小镇的相通之处。但此地却有一部分民居用木桩或石柱打入河床中，上架横梁，搁上木板，由此造成“人在屋中居，屋在水中游”的“水阁”，独具匠心。屋子靠水的一边完全突兀水中，以致造成三面建窗，从任何一方凭窗而观，河水粼粼，舟楫寥寥，风光无限。在河边的建筑背后，用旧青砖砌着一道古色古香、类似城墙的屏障，这道墙外就是现代化的建筑街道。乌镇人民用这道不经意的故旧之墙，完好地保留了千年的文化积淀，使小镇益发钟灵毓秀、朴素端庄。

岁月更替，风雨沧桑，保存下来的十几万平方米的江南典型水乡民居群及十几座古桥梁，诉说着古镇的清纯与从容。

屯溪老街

The Old Street of Tunxi

屯溪老街仍然保留着宋代建筑风格和明清街衢风貌，茶楼、酒肆、书场、墨庄林立，匾额旗招，古风犹存。

★名称：屯溪老街
★位置：安徽

屯溪老街坐落在安徽省黄山市中心地段，镶嵌在青山绿水之间。北依四季葱茏的黄山，南伴终年如蓝的新安水。老街已有数百年历史，全长832米，宽5米～8米，是目前中国保存最完整的，具有宋、明、清三代建筑风格的步行商业街。

历史上，屯溪是由新安江、横江、率水三江汇流之地的一个水埠码头发展起来的。老街的西端即老大桥，在桥头紧连的一段曲尺形街道，原名八家栈，就是老街的发祥地，也是屯溪的发祥地。老街的形成和发展，与宋徽宗移都临安（即今日的杭州）有着密不可分的联系。外出的徽商模仿宋城的建筑风格在家乡大兴土木，所以，老街被称为“宋

明代著名数学家、珠算发明家程大位的故居就坐落在屯溪老街。

城”。元末清初，一位名叫程雄宗的徽商在老街兴造了47所店铺；清朝初期，老街发展到“镇长四里”；清末，屯溪茶商崛起，茶号林立，街道从八家栈不断延伸，形成老街的规模。如今步入老街，依然宛如到了宋明时代。街道狭窄幽深，街上的路面是清一色的褐红色麻石板。街道两旁鳞次栉比的店铺叠致有序，全为砖木结构，粉墙黛瓦。窗棂门楣有砖雕木刻，技艺精湛；屋与屋之间是高高的马头墙，构成了徽派建筑的群体美。整条街道，蜿蜒伸展，首尾不能相望，街深莫测，是中国古代街衢的典型走向。老街内宽窄不一的巷弄，纵横交错，构成鱼骨架状，交通十分方便。老街的店铺多为几进，狭窄幽深，但是内有天井采光。整个建筑体现了典型宋明徽派的民居风格与特征，所以老街又被称为“宋街”。

屯溪老街两侧有茶楼、酒家、书场、墨庄等店铺200余家。房屋檐口挑出，以遮雨避阳。

如今老街恢复了原有的老字号店铺。如“同德仁”是清同治二年（1863）开设的中药店，已有150多年的历史；开辟了古董一条街、文房四宝一条街。“徽州四雕”产品及徽派国画、版画、碑帖、金石、盆景等随处可见。古老的徽州文化在老街展现着它耀眼的光彩，老街的魅力倾倒了国内外的旅游者和影视者，老街成了天然摄影棚。

周庄

Zhouzhuang

九百余年的悠远历史，九百余年的文化底蕴，构成了江南水乡“小桥、流水、人家”的独特风貌。旖旎的水乡风光，特有的人文景观，传统的建筑格局，淳朴的民间风情，令人神往，令人流连，周庄无愧于江南水乡古镇的典范。

★名称：周庄
★位置：江苏

“江南好，风景旧曾谙，日出江花红胜火，春来江水绿如蓝，能不忆江南。”白居易的一阕《忆江南》，让古今多少人对江南的秀丽风光神往不已。江南之美，就美在江南的水。周庄，是一个汇集中国水乡之美的地方。

周庄属江苏省昆山市，地处沪宁经济走廊，北距昆山市区30千米，东距上海市区60千米，西距苏州市区38千米，交通便捷。

春秋时期至汉代，周庄地域有“摇城”之说，相传吴王少子摇封于此，在镇郊太师淀中发掘到的良渚文化遗物，也证明了这一点。周庄镇旧名贞丰里，北宋元祐元年（1086），周迪功郎信奉佛教，将良田200亩捐赠给全福寺作为庙产，百姓感其恩德，将这片田地命名为“周庄”。但那时的贞丰里只是集镇的雏形，与村落相差无几。1127年，

周庄镇内保留着完好的“水陆平行，河街相邻”和“小桥流水人家”的风貌。

夜游周庄，可以体会水乡的别样风情。

金二十相公跟随宋高宗南渡。迁居于此，此地人烟才逐渐稠密。元朝中叶，颇有传奇色彩的江南富豪沈万三之父沈佑，迁居周庄，因经商而逐步发迹，使周庄出现了繁荣景象，由原来的小集迅速发展为商业大镇。沈万三利用白蚬江西接京杭大运河、东北接浏河的优势，出海进行贸易，将周庄变成了一个粮食、丝绸及多种手工业品的集散地和交易中心，使周庄的手工业和商业得到了迅猛的发展，主要产品有丝绸、刺绣、竹器、脚炉、白酒等。

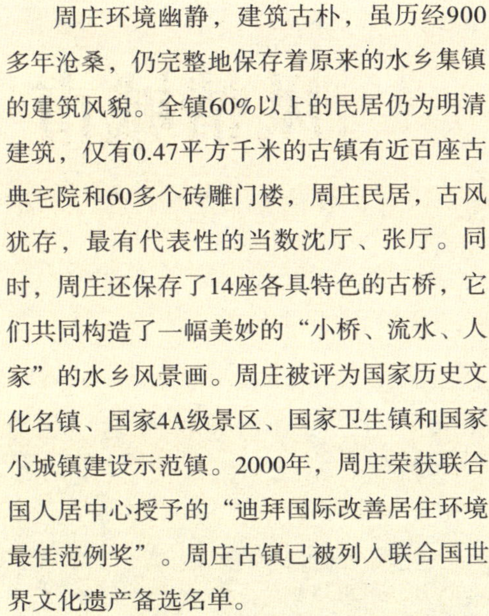

周庄环境幽静，建筑古朴，虽历经900多年沧桑，仍完整地保存着原来的水乡集镇的建筑风貌。全镇60%以上的民居仍为明清建筑，仅有0.47平方千米的古镇有近百座古典宅院和60多个砖雕门楼，周庄民居，古风犹存，最有代表性的当数沈厅、张厅。同时，周庄还保存了14座各具特色的古桥，它们共同构造了一幅美妙的“小桥、流水、人家”的水乡风景画。周庄被评为国家历史文化名镇、国家4A级景区、国家卫生镇和国家小城镇建设示范镇。2000年，周庄荣获联合国人居中心授予的“迪拜国际改善居住环境最佳范例奖”。周庄古镇已被列入联合国世界文化遗产备选名单。

周庄有着悠久的历史和厚实的文化积淀，加上自然环境独特，形成了不同一般的水乡民俗风情，源远流长的吴文化，滋育着周庄这方古老灵秀的水土，周庄的乡情、习俗、风物，弥漫着江南水乡历史文化的古朴情调与淳浓韵味。阿婆茶、摇快船、斜襟衫，还有吴侬软语，让人品不尽、看不够、道不完……

周庄四面环水，犹如泊在湖上的一片荷叶。南北市河、后港河、油车漾河、中市河，四条井字形的河道将古镇分割，形成八条长街。粉墙蠡窗的房屋依水而筑。

周庄历来文人荟萃。历史上曾出现过进士、举人20余名，有的官至太尉。西晋文学家、大司马东曹掾张翰(字季鹰)、唐代文学家刘禹锡、陆龟蒙都先后寓居于此，尚有部分遗址。著名文学社团“南社”社员的住宅，也还保留着30多处，其中有叶楚伧、王大觉、费公直、沈体兰和柳率初先生的旧居，陈去病先生祖居遗址，以及南社成员饮酒吟诗集会的“迷楼”等。

黄昏时分，一弯新月洒下银辉，尼龙纱一般地笼罩着南湖，给四周平添了几分诗意。盈盈碧水摇晃着夜泊的渔舟，不知从哪儿传出的幽婉乐曲，与点点灯光一起泻入夜空，撩拨着人的心弦，这就是周庄给人们带来的美的韵味。

[图说天下]

哈尔滨

Harbin

大连

Dalian

青岛

Qingdao

上海

Shanghai

香港

Hong Kong

澳门

Macao

……

the Living Cities

风情城市

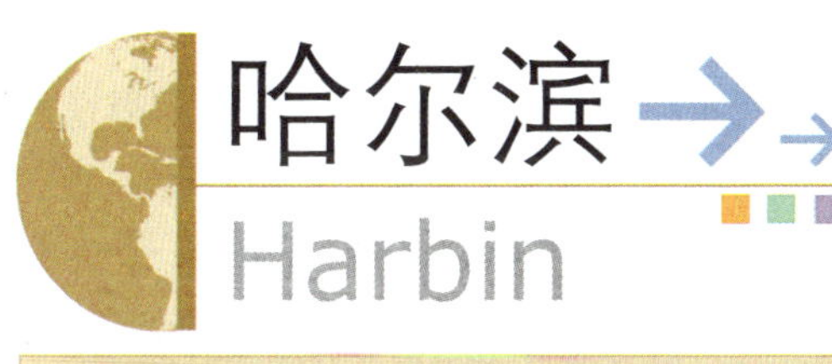

哈尔滨 Harbin

哈尔滨是一座俏丽的城市，奔腾的松花江像一条玉带流过市区向东而去。沿江长堤和马路边上栽种着高高的白杨和婆娑的柳树，一片葱绿；街心花园里百花盛开，五彩缤纷；雄伟秀丽的雕塑随处可见，精巧的凉亭吸引着八方来客。

★名称：哈尔滨
★位置：黑龙江
★盛誉：东方小巴黎

哈尔滨作为一个现代化的城市，是随着1898年中东铁路的修建而崛起的，其后几十年里，哈尔滨成为以沙俄为首，日、法、美、意、英等列强盘踞的充满殖民地色彩的国际城市。特别是1931年日本帝国主义发动“九一八”事变后，哈尔滨沦为日本统治的殖民地和半殖民地，1946年4月28日，中国共产党领导下的东北民主联军解放了哈尔滨，建立了人民民主政权，从此哈尔滨翻开了新的一页。

哈尔滨交通方便，四通八达，是中国东北北部的物资集散地和经济商业贸易中心，也是沟通东北亚、欧洲和太平洋之间里程最短的大陆桥枢纽。哈尔滨机场是重要的国际航空港；哈尔滨火车站是中国集结铁路干线最多的车站之一；松花江是中国内河通航的第三大河流；哈尔滨港则是这条江上的最大中心港；哈尔滨更是一座风光旖旎，独具特色的旅游名地。它不仅以松花江的秀丽多姿、太阳岛的妩媚绚丽饮誉世界，而且还拥有中西合璧的城市建筑，其中绝大部分是欧式建筑，有科林斯柱式的黑龙江省美术馆和东北烈士纪念馆、新艺术学派式的省博物馆和哈尔滨铁路局、哥特式的

哈尔滨文庙的建筑颇具清代风格。

哈尔滨市南岗区极乐寺的大雄宝殿里供奉的释迦牟尼像

基督教堂、拜占庭式的东正教堂、圣索菲亚教堂和俄罗斯式的铁路江上俱乐部。

哈尔滨的夏天气候宜人，绚丽多姿，别具迷人的魅力，是消夏避暑的理想之地。美丽的松花江宛如一条彩带，给城市增添了无限风光。江南岸的十里长堤上，船坞公园、斯大林公园、九站公园彼此相连，岸边柳暗花明，游人如织。江北岸是江水环抱的疗养胜地太阳岛，一年一度的“哈尔滨之夏”音乐会上，中外著名歌唱家、音乐家纷纷献艺，使哈尔滨赢得了“北方音乐城”的美誉。

哈尔滨的冬季，处处琼楼玉宇，白雪皑皑，富有诗情画意，被人们称为“冰城”。这里举办的冰灯游园会集中了冰雪艺术之精华，每年都以新的风姿迎接海内外大批游客，“哈尔滨冰雪节”从每年的1月5日起持续一个多月，内容包括各种有趣的冰上活动，如打冰橇、滑冰比赛等。此外，冰灯、冰雪文艺晚会、冰上婚礼、经济贸易交流会，这些活动也极大地吸引了国内外旅游者，让更多的人来到哈尔滨，共度冰雪盛会。

在世界众多的大城市中，哈尔滨以它特有的风貌蜚声中外，成为中国北方著名的旅游胜地。

太阳岛是哈尔滨一颗美丽的明珠，是游客的一个理想选择。

■ 哈尔滨市内的圣索菲亚教堂，到了夜晚便灯火通明，显得格外美丽。

大连 Dalian

有这样一个地方，被誉为全国“最适合生存的地方”，空气清新，无污染，没有隆冬和酷暑。这就是气候宜人、景色秀丽的海滨城市——大连。

★名称：大连
★位置：辽宁
★面积：13237平方千米

大连地处辽东半岛的南端，西濒渤海，东临黄海，面向烟波浩渺的太平洋。辽东半岛与山东半岛之间的渤海海峡，峡宽不过57海里，庙岛群岛分布于其间，宛如一串大小不同的珍珠，漂浮在碧绿的海面上。大连市人口约120万。市区划分为中山、西岗、沙河口、甘井子和旅顺5个区，还管辖金县、新金、庄河、长海4个县和瓦房店市。大连市区南部海岸线全长30多千米，将沿途的棒槌岛海滨、虎滩乐园、付家庄海滨、白云山庄公园和星海公园、星海会展中心等连成一线，通道式水族馆圣亚海洋世界、海豚表演馆、鸟语林、两栖动物展览馆、森林动物园等点缀其间，沿途亭台林立，树茂花繁，空气清新，令人心旷神怡。近海中的无数礁石、

夏日的大连风光

岛屿，千姿百态，阴阳变幻，妙趣横生；沿岸有几十个风光游览景点，其间有一条海滨公路相贯通，交通方便。

大连的土地之贵闻名全国，星海广场附近的楼盘每平方米在万元以上，可大连没有因为房价高就拆绿地、毁绿化，相反大连人就在这昂贵的土地上建造了星海广场、人民广场、中山广场等80多个大小广场，广场绿地面积占全市总面积的41.5%。由广场带来的广场文化——绿地、白鸽、雕塑、喷泉等同样令人赞叹。这里有亚洲最大的城市广场——星海广场，占地面积172万平方米。最吸引人的是在百年纪念碑旁，横卧着一块100米长的大理石，上面刻着1000对脚印，都是真人脚印。

英姿飒爽的大连女骑警

大连以“足球城”“旅游城”“服装城”“槐花城”之誉名扬天下。春季，樱花、丁香花竞相开放，浓香袭人；5月下旬，槐花盛开，风姿迷人；夏季、秋季，海滨浴场魅力独具，碧海蓝天，阳光沙滩，吸引游客潮涌而来。青山、碧海、蓝天、岛屿、礁石、沙滩浑然一体。大连的海滨风光旖旎奇丽，北部山区山水风光锦上添花，绵延瑰丽的海岸，千姿百态的都市建筑，默默启迪人类良知与心智的近代战争遗址，无不令游人精神振奋，流连忘返。

青岛 Qingdao

青岛的西部会带给你一种古典美，而东部呈献给你的则是现代甚至是超前的美。大海使你的心胸开阔，崂山让你体会清虚与幽静。

被誉为“东方瑞士”的青岛地处山东半岛东南、胶州湾畔，是中国重要的沿海开放城市之一和华东地区仅次于上海的第二大经济中心城市，全市总面积10654平方千米。

青岛依山傍海，风光秀丽，气候宜人。红瓦、绿树、碧海、蓝天交相映出青岛美丽的身姿；赤礁、细浪、彩帆、金色沙滩构成青岛美丽的风景线；历史、宗教、民俗、风土人情、节日庆典赋予了青岛旅游丰富的文化内涵。浓缩近代历史文化的名人故居，具有典型欧式风格的各国建筑，形成了青岛中西合璧的特色。

青岛旅游资源可概括为秀丽的山海风光、丰富的人文景观、风格迥异的多国建筑、历史悠久的宗教文化和五彩缤纷的节庆活动。由前海至崂山的海滨黄金旅游线作为青岛旅游业的“拳头”产品享誉中外。著名的汇泉海水浴场沙细坡

青岛的哥特式教堂内景

青岛海滨的别墅区

栈桥是青岛的象征性建筑，桥的尽头有一座颇具民族特色的“回澜阁”。此阁为青岛十景之一。

缓、水清浪小，旺季高峰期每天接待游客达20万人之多。老市区红瓦绿树，青山环绕，坐落着风格不同的24国建筑，展现出东西文化交融的丰富内涵。

在东部新市区，浮山湾畔迅速崛起的高层建筑群、横贯东西的“香港街”和长达12千米的海滨中华文明雕塑长廊，构成了现代海滨都市新的旅游景观。石老人国家旅游度假区配套设施已成规模，海洋游乐城、海豚表演馆、国际啤酒城、海上乐园、高尔夫球场等旅游娱乐场所以及错落有致的度假别墅群已相继建成，对外开放。大型海洋公园、综合性体育中心、国际会议展览中心建成在即。崂山是国家风景名胜区，国家级森林公园，是中国著名的道教圣地，素有“海上名山第一”之美誉，具有山、海、林、泉、瀑之胜景。

青岛人文古迹和名人故居众多。秦始皇三次登临地、徐福东渡扶桑的启航地琅琊台，西汉五百义士殉葬的田横岛，被誉为石刻瑰宝的天柱山魏碑，春秋战国的齐长城遗址以及地质奇观马山石林等，已陆续成为旅游观光的新热点。德国侵占青岛时期的总督府、提督楼、天主教堂以及康有为、闻一多、老舍、王统照等名人故居已相继对游人开放。青岛的旅游度假产品开发不断完善，除石老人国家旅游度假区外，还设立、开发了薛家岛、琅琊台、田横岛3个省级旅游度假区，仰口旅游度假村以及华山高尔夫球场、青岛国际高尔夫球场也已建成启用。已开辟的市区至崂山海上旅游线和直升机空中旅游线，形成了青岛陆、海、空立体旅游格局。陆上看青岛，沿线一路山海秀色；海上看青岛，纵览青岛瑰丽身姿；空中看青岛，只见“红瓦绿树，碧海蓝天”。

上海 Shanghai

上海有一种任何城市都无法比拟的气质，就是她的“洋气”。她的现代化和她的古典融合得那么完美，魅力让人无法抗拒。可以随意地徜徉在阳光下安静的街道，手指划过街边欧式花园的墙壁；或穿过崭新宽阔的马路，抬头欣赏高耸的摩登建筑……

★名称：上海
★位置：长江三角洲
★面积：5800平方千米

上海虽然没有雄伟的名山大川、奇峰异谷，也无世界奇迹之类的名胜古迹，但是，多少年来一直以她独有的风韵吸引着无数的中外游客。上海是中国近现代史的“缩影”，许多重大的历史事件和革命活动在这里发生并影响全国；上海是新中国的“窗口”，40多年的艰苦创业，特别是浦东的开发、开放，上海已成为一座融古色古香和现代潮流为一体的旅游中心城市。

清晨，一轮红日从上海的母亲河——黄浦江上升起；海关的钟声划破新外滩的宁静；滨江大道上晨练的人们以及跳交谊舞的男女正跃跃欲试，与那些延绵起伏的古典建筑群一起沐浴在金色的晨光中；那拔地而起的宏伟大厦与散落在各处的富有异国情调的别墅楼宇，组合成上海特有的城市形象；那横空出世的南浦大桥、杨浦大桥及高架内环线，让你感受到现代城市交通的崭新一页；那龙腾虎跃、构架未来的

黄浦江凝聚了上海浓重的发展史，串联起了上海众多的景观，乘船游于江面，仿佛置身于上海的风情长廊。

浦东新区、虹桥开发区、漕河泾开发区以及这些热土上所创造的建设速度，令人瞩目。夜幕降临，你不妨登上黄浦江边高耸入云的新上海标志性建筑——东方明珠电视塔去领略“不夜城”的美景，而不远处，南京路上的霓虹灯宛如一条五光十色的灯河。你也不妨漫步行至新外滩的游轮码头，登上豪华的浦江游轮，在夜幕中，游弋于南浦大桥、杨浦大桥与“东方明珠”、外滩之间，去感受一下“船在江中游，人在画中行”的意境。

上海在中国近代历史中，曾是风起云涌的地方。这里荟萃的很多风云人物散落在各处的不同住宅建筑里，由于其主人的非同寻常而蕴含了耐人寻味的历史意义。这里曾留下许多革命先烈的足迹。瞻仰孙中山、宋庆龄、鲁迅等的故居，会使你产生抚今追昔的深沉遐思；这里还有很多达官贵人的住宅，探访一下李鸿章、蒋介石等人的公馆，可以联想起主人那段显赫的发迹史。

上海的宗教寺院有着1700多年的传播发展史，宗教文化也和其他文化一样，随着近代都市经济文化的发展，中西结合，丰富多彩，在全国居于重要地位。上海的宗教建筑分布于市中心和郊外的各个角落，以其历史悠久、风格迥异、装饰典雅而闻名中外。上海地区历史最悠久、规模最大的千年名刹——龙华寺、以供奉大型玉石坐像而闻名中外的玉佛寺、现存最古的松江清真寺、屹立于佘山顶上的宛如中世纪欧洲古城堡的圣母大教堂……无一不展示着上海深厚的文化底蕴。

上海在很多人的印象中，只是一个近代城市，然而翻开上海的历史你会惊讶地发现，早在6000年前上海已成陆，西部嘉定、青浦、松江就是最先成陆的一些地区。上海境内至今仍遗存着100多幢优秀的古代园林建筑。在青浦，你会对唐代青龙塔、宋代普济桥、元代放生桥、清代曲水园和万寿塔产生浓厚兴趣；宋代方塔、护珠塔，明代大照壁和清代醉白池会令你流连忘返；步入南市老城厢，则置身于代表明清风格的古城墙、豫园、文庙、三山会馆之中……物换星移千百年，这些古老的建筑虽饱经风霜，但它们仍以各自的魅力，成为上海这一历史文化名城的见证。

上海外滩建于20世纪20年代~40年代，集各种建筑艺术风格于一体，厚实庄重。现在，外滩建筑群装上了先进的泛光照明，灯光下的外滩更显光彩夺目。

上海在长达近200年的开发过程中，始终处于中西文化的交汇点，集中了中西、古今各种人文社会资源。改革开放以来，浦东的开发开放，虹桥开发区的建立，使上海高层建筑如雨后春笋般地拔地而起。内环线高架公路、成都路高架公路以及地铁的贯通，都让上海呈现国际大都市的新气象。

香港
Hong Kong

作为东南亚最美的城市之一，香港有着属于它自己的风情。当你乘坐游轮荡漾在碧蓝的港湾，观赏维多利亚港和香港流光溢彩的夜景；或立于太平山顶，居高临下俯瞰造型多变的建筑群和璀璨的灯火，你就会感受到香港那动感的魅力。

★名称：香港
★陆地面积：1101平方千米
★盛誉：东方明珠

香港特别行政区又称香江、香海，位于珠江口东侧，由香港岛、九龙半岛、新界及离岛4部分与域内水面组成，陆地面积约1101平方千米。香港地处欧亚大陆东南部，是亚太地区最重要的贸易、交通和金融中心之一。1842年鸦片战争后，香港曾被英国占领。1997年7月1日，中国政府对香港恢复行使主权，并设立香港特别行政区。

香港南临南海，海域宽阔，大小岛屿星罗棋布，共有200多个。其中，香港岛是香港的经济、文化中心，面积最大的岛屿是大屿山岛。香港地区属亚热带气候，全年气温较高，年平均温度为22.8℃。香港的四季可概括为春温多雾，

香港是东南亚最美的城市之一，有着属于它自己的独特风情。

夏热多雨，秋日晴和，冬微干冷。香港雨量充沛，年降水量为2224.7毫米，每年5月~9月的降水量约占全年降雨量的80%。

香港北与深圳市相连，横跨深圳河的罗湖桥把香港新界与深圳连接起来，使其成为中国最大的贸易口岸。香港也是太平洋和印度洋航线上的重要港口，与日本、北美、西欧、澳大利亚有便利的海运和航空运输网络，是中国大陆进出口商品的重要中转港口。目前，香港是世界上进出船舶最多的商港之一，同时也是世界上最繁忙的航空港之一。

香港的旅游业也很发达，有“购物者的天堂”和“东方明珠”的美誉。每年入境旅客达500多万人次，几乎与香港居民人数相等。

香港岛简称港岛，位于九龙半岛的南面海岸上，为香港的政治、经济中心，是香港区域中唯一离开大陆的岛。市中心是港岛北侧面向维多利亚港的“中环”，香港市政厅就位于此地。中环东边有湾仔、铜锣湾、北角、筲箕湾；西边有上环、坚尼地城。港岛上有很多小山，高度300米~400米，最高峰为太平山，海拔554米。

港岛的北部有很多繁华大街，如皇后大道、德辅道、干诺道等。由于土地少，又多山丘，所以这些街道都是经过劈山填海而建成的。港岛的南部有著名的深水湾、浅水湾，这里是香港的主要旅游区和高级住宅区；港岛中部到处都是豪华的商业大厦和购物中心，是香港最繁华的地方，也是香港政府机关所在地。

海洋公园位于香港湾仔与浅水湾之间的深水角半岛的南望山上，占地87万平方米，是世界最大的海洋公园之一。海洋公园按地面的高低分为黄竹坑公园和南望山公园，两公园间以空中缆车联通。海洋公园的岬角是游乐区，有各种游乐设施。集古村属海洋公园的一部分，占地1万平方米，把中国自夏朝至清朝共13个朝代的5000年历史，浓缩于一系列的庙宇、佛塔、作坊等建筑之内，游客于此可饱览古今之变迁，堪称中国历史的时光隧道。

香港海洋公园是东南亚地区最大的娱乐性公园，集海洋奇观与游乐设施于一体。

香港的夜景最为壮观动人，被列为“世界四大夜景”之一。每当夜幕降临之际，站在太平山上放眼四望，在万千灯火的映照下，港岛和九龙宛如镶嵌在维多利亚港湾中的两颗明珠，交相辉映，美不胜收。

澳门 Macao

澳门的美不同于香港的繁华、喧闹、富贵、时尚。澳门的美，在于它优雅娴静而不动声色的高贵，以及中西合璧的迷人文化气息。

★名称：澳门
★面积：25.8平方千米

澳门特别行政区，地处珠江口西南岸，距香港56千米，西与广东省珠海市的湾仔镇一衣带水，只隔一条宽不到1千米的濠江水道，南面濒临南海，南北长约4千米，东西最宽约2千米，包括澳门半岛、路环岛。由于不断填海造地，澳门的面积呈逐渐增大趋势。1910年，澳门的总面积只有10.9平方千米，后因填海造陆，现在全地区总面积已达到25.8平方千米。其中仔岛和路环岛由2500米长的公路相连。澳门绝大部分人口和经济活动分布在澳门半岛。

澳门是世界上人口密度最大的地区之一。截至2003年底，澳门常住人口为43万人；外地打工人员约有3万人。在澳门居住的香港人与外籍人士共2500人左右，其中香港人约占六成，其余为葡萄牙、英国、菲律宾、泰国及美国人。澳门的人口分布极不均匀，澳门半岛的人口数占总人口数的94.4%，而其余为仔岛和路环岛的人口及少量水上居民。

大三巴牌坊是“澳门八景”之一，左临澳门博物馆和大炮台遗址，下连68级石阶，显得巍峨雄壮。

澳门友谊大桥于1994年建成通车，大桥长3900米，宽15米，双向四车道，并有人行道。

秦代，澳门属海南郡番禺县。1553年，葡萄牙商人通过贿赂官员取得澳门的居住权，但主权仍在中国。1845年，葡萄牙擅自宣布澳门为“殖民自由港”，于1848年占领澳门半岛，并先后使用武力占领了仔岛和路环岛。1999年12月20日，中国政府恢复对澳门行使主权，设立澳门特别行政区。由于澳门被侵占时间很长，当地的文化具有浓重的外埠色彩，糅合了中西方的特色。

澳门自然风景优美，文物古迹众多，气候宜人，富有南国热带海滨风韵。同时澳门又是东西方文化荟萃之地，历经几百年的发展，形成了今日澳门“中西结合、华洋共处”的社会面貌和城市结构。澳门市区绿树成荫，现代化高楼大厦耸立其间，展现了澳门具有时代特色的一面。富有东方色彩的寺院庙宇，古色古香，香火不断。具有文艺复兴时期建筑风格的天主教堂、欧洲中世纪古堡式的炮台，寂静幽深，散落四方，充满传统的异国情调。新建的混凝土大马路与原始的石板路、碎石路并存，再加上中西合璧的市井风情，这一切都表现了澳门作为一个东西方文明交汇点的特有魅力。

用你的眼，或者心，阅读最美的地球

中国最美的100个地方

选题策划：日知图书
策划编辑：高霁月
责任编辑：史　媛
特约编辑：高霁月
美术编辑：罗小玲　张鹤飞　于　蕾
封面设计：夏　鹏
版式设计：孙阳阳

图片提供：北京全景视觉网络科技有限公司
深圳超景图片有限公司
FOTOE
中国图片网
新华社摄影部